NOTICE
BIBLIOGRAPHIQUE
SUR
MONTAIGNE

PAR

J.-F. PAYEN, D. M.

n° 1

NOTICE
BIBLIOGRAPHIQUE

SUR

MONTAIGNE,

PAR

J. F. PAYEN, D. M.

PARIS,
IMPRIMERIE DE E. DUVERGER,
RUE DE VERNEUIL, 4.

1837

Fac simile de la Signature de Michel Montaigne,

(Voyez la note de la page 42)

Lettre à M.' **DUPUY**, datée du Castéra 23 Avril.

NOTICE BIBLIOGRAPHIQUE

SUR

MONTAIGNE,

PAR M. J. F. PAYEN D. M. P.

§ Ier. ÉDITIONS DES ESSAIS.

1580.

1. LES ESSAIS DE MESSIRE MICHEL, SEIGNEUR DE MONTAIGNE, chevalier de l'ordre du roi et gentilhomme ordinaire de sa chambre. Livre premier et second. A *Bourdeaus*, par *S. Millanges*, imprimeur ordinaire du roi M. D. LXXX. 2 vol. in-8°.

Cette édition ne contient que les deux premiers livres; elle est divisée en deux tomes, un pour chaque livre. Chacun d'eux a un titre à part et une table des chapitres.

Le premier volume, imprimé en caractères plus gros que le deuxième, a 496 pages; le second offre une pagination très défectueuse, la dernière page porte le numéro 650. En tête des Essais est une préface qui commence ainsi : *c'est ici un livre de bonne foi, lecteur.* Elle est datée du premier mars 1580.

Cette édition ne porte pas d'épigraphe, quoi qu'en dise M. Vernier. (Voir à 1801.)

Le premier livre se compose de 57 chapitres et le deuxième de 37, ce qui est conforme à toutes les éditions qui suivent. Au vingt-neuvième chapitre du premier livre se trouvent 29 sonnets d'Et. de La Boëtie.

On remarque, en comparant cette édition et les deux suivantes avec celles publiées après la mort de l'auteur, qu'elles renferment fort peu de citations, et que les chapitres sont beaucoup plus courts.

Cette édition est peu commune et recherchée comme originale.

—J. B. Bastide, qui a fait beaucoup d'études sur Montaigne (v. à 1822) et qui se proposait de donner une édition des Essais, à laquelle, d'après M. Beuchot, il a travaillé pendant quarante ans, annonça en 1807, dans la Revue philosophique (deuxième trimestre), sur l'autorité de M. de Cayla, qu'il avait été publié une autre édition des Essais à *Paris* cette même année (1580) in-folio chez *Michel Blageart*, qui n'est pas celle que ce libraire publia en 1640, et M. J. V. Leclerc l'indique sans se livrer à aucune discussion à son occasion. Je n'ai jamais cru à l'existence de cette édition : la plus décisive des raisons qui me la faisaient rejeter est celle tirée du nom de l'imprimeur, puisqu'on voit par le catalogue de Lottin[1] qu'il n'existait point à Paris d'imprimeur du nom de Blageart en 1580, et que Michel ne fut reçu dans la communauté qu'en 1631. Je pensais donc que c'était un exemplaire incomplet ou altéré de 1640, qu'on avait par erreur rapporté à l'année précitée; mais ayant reçu un extrait du catalogue de la bibliothèque de Bordeaux, sur lequel on indique un exemplaire des Essais, Paris 1580, j'ai fait connaître mes doutes à M. Jouannet, conservateur de cet établissement. Ce respectable savant a aussitôt reconnu l'exactitude de ma supposition, et il m'annonce que c'est en effet un exemplaire de 1640, et que l'erreur, qui est fort ancienne, a tenu à ce que le frontispice étant déchiré en partie et la date manquant, le rédacteur du catalogue a mis celle de la préface.

Je suis entré dans ces détails parce qu'on a imprimé que cette édition existait, et que des hommes de lettres, qui se sont beaucoup occupés de Montaigne, dans la nécessité de trouver quatre éditions jusqu'à celle de 1588, et s'appuyant de l'autorité de M. de Cayla, de Bastide et du catalogue de la bibliothèque de Bordeaux, partageaient cette erreur accréditée depuis près de trente ans.

1582.

2. *Les mêmes.* — PAR MESSIRE MICHEL, SEIGNEUR DE MONTAIGNE, chevalier de l'ordre du Roi et gentilhomme de sa chambre, maire et gouverneur de Bourdeaus. — *Édition seconde*, revue et augmentée. A *Bourdeaus*, *par S. Millanges*, imprimeur ordinaire du roi, M. D. LXXXII. in-8°.

Cette édition, plus belle que la première, est en un seul volume. Comme celle-ci, elle ne contient que les deux premiers livres, et elle ne porte pas d'épigraphe. La pagination continue d'un livre à l'autre, et il n'y a pas de frontispice pour le livre 2.

---

(1) Catalogue chronologique des libraires et des libraires-imprimeurs de Paris, depuis 1470, époque de l'établissement de l'imprimerie dans cette capitale, jusqu'en 1788; par A. M. Lottin l'aîné. Paris, J.-R. Lottin de Saint-Germain, 1789. In-8.

806 pages. Mêmes renseignements qu'à 1580 pour la date de la préface et les sonnets de La Boëtie.

On remarque que cette édition est annoncée comme revue et augmentée. En effet, chacune des éditions qui suivent offre des corrections et des augmentations, et on peut voir par l'exemplaire de *Bordeaux*, 1588, que Montaigne, quoiqu'il dise : « j'adjouste mais je ne corrige pas », corrigeait souvent, même pour de très légères nuances d'expression, bien qu'il ait écrit : « Que celui qui a hypothéqué au monde son ouvrage n'y a plus de droit. » D'ailleurs, il convient de bonne grâce que ces additions sont « une petite subtilité ambitieuse, afin que l'acheteur ne s'en aille les mains du tout vuides. » (Liv. III, chap. 9.)

1587.

3. *Les mêmes.* PAR MESSIRE MICHEL, SEIGNEUR DE MONTAIGNE, chevalier de l'ordre du Roi et gentilhomme ordinaire de sa chambre, maire et gouverneur de Bourdeaus, reveus et augmentés. A *Paris*, chez *Jean Richer*, rue St.-Jean-de-Latran, à l'arbre verdoyant, M. D. LXXXVII. in-12.

Mêmes remarques qu'aux précédentes éditions sur la date de la préface et les sonnets de La Boëtie. Coste, et les imprimeurs de 1725, ont donc eu tort de dire, d'après le P. Niceron, que ces sonnets ne se trouvaient qu'à l'édition de 1588.

1588.

4. *Les mêmes.* PAR MICHEL, SEIGNEUR DE MONTAIGNE. — *Cinquième édition*, augmentée d'un troisième livre et de six cents additions aux deux premiers. *Paris*, *Abel L'Angelier*, 1580 in-4°.

Frontispice gravé. La date n'est pas au frontispice; elle est au privilége qui est du 4 juin 1588.

Le nom de Montaigne n'est plus ici suivi de ses titres, et je ferai à cette occasion un rapprochement assez curieux, c'est que parmi les additions nombreuses, faites à cette édition, on trouve la phrase suivante, au sujet de l'ennui que lui causait la nécessité d'écrire une légende de titres et qualités à la suite du nom des personnes auxquelles il adressait des lettres. « Je trouve pareillement de mauvaise grâce d'en charger le front et inscription des livres que nous faisons imprimer. » (Liv. I, chap. 39.)

Cette édition n'est paginée qu'au recto, le dernier feuillet porte le numéro 396. La préface est datée du 12 juin 1588; mais c'est la même que celle des précédentes éditions. Les sonnets de La Boëtie se trouvent encore au chapitre 29 du premier livre. Le troisième livre, qui paraît pour la première fois, est composé de 13 chapitres.

Cette édition, qui est la dernière du vivant de Montaigne, est d'une fort belle exécution ; le frontispice gravé indique qu'elle est la cinquième. Elle a été donnée par Montaigne lui-même, qui était en ce moment à Paris ; ainsi, il faut admettre que quatre éditions l'avaient précédée. On trouvait ce nombre lorsqu'on admettait l'édition de *Paris*, 1580 ; mais j'ai démontré qu'elle n'a jamais existé. Il aurait donc fallu indiquer deux éditions entre celle de 1582 et celle de 1588, et on a pu remarquer que je n'en ai décrit qu'une ; il existe donc, pour cet espace de temps, une lacune que mes recherches n'ont pu combler. Le P. Nicéron dit que la première édition a été suivie de trois autres avant celle de 1588, mais il n'en donne pas les dates, et suivant toute apparence il se fonde seulement sur ce que celle de 1588 porte, *Cinquième édition*.

C'est d'après un exemplaire de cette édition, corrigé et augmenté de la main de Montaigne, que Naigeon a donné l'édition de 1802. M. Bernadau, avocat à Bordeaux, et auteur des Antiquités Bordelaises, le fit connaître par une lettre adressée au journal général de France (novembre 1789). Cet exemplaire resta quelque temps dans la maison de Montaigne, puis d'après M. Bernadau, « *il fut donné aux Feuillans de Bordeaux par madame de Montaigne, par ordre de son mari, qui leur était fort attaché, et dans l'église desquels il avait choisi sa sépulture ; c'est donc sans fondement que l'auteur du nouveau Dictionnaire historique prétend qu'on voit dans la bibliothèque de ce couvent un supplément manuscrit des Essais.* » Ce précieux exemplaire passa enfin, lors de la révolution, dans la bibliothèque publique de Bordeaux qui l'a possédé depuis.

J'ai examiné cet exemplaire ; il est chargé de corrections et d'additions marginales ou interlinéaires écrites de la main de Montaigne. Au frontispice gravé il a ajouté, *sixième édition*, ce qui se rapporte à celle qu'il projetait, et ce qui fixe positivement le nombre de celles qui ont précédé Il a ajouté aussi de sa main cette épigraphe, qui est devenue celle de son livre : *viresque acquirit eundo*. Enfin au haut de ce frontispice se trouve un écusson dans lequel il a inscrit son nom. Au recto on trouve l'avis à l'imprimeur, que Naigeon a reproduit, et la recommandation « qu'on mette son nom tout du long sur chaque face, » parce que dans les éditions précédentes on avait mis seulement : « Essais de M. de Monta », au titre courant.

1593.

5. LIVRE DES ESSAIS DE MICHEL, SEIGNEUR DE MONTAIGNE, divisée en deux parties.—*Dernière édition*, augmentée de deux tables très amples des

choses plus mémorables contenues en icelle, à *Lyon*, pour *Gabriel Lagrange*, libraire d'Avignon. M.D.XCIII. in-8.

Conformément au titre, cette édition est divisée en deux parties. La première comprend les deux premiers livres, en 830 pages, et elle est précédée du titre copié ci-dessus; la deuxième, formée par le troisième livre, est précédée d'un titre ainsi conçu : LIVRE DES ESSAIS DE MICHEL, SEIGNEUR DE MONTAIGNE, deuxième partie, à Lyon, etc. On trouve à chaque partie une table des chapitres et une table analytique; le titre courant porte : « ESSAIS DE MONTA. » Cette édition, passablement belle, a été imprimée d'après celle de 1588. J'en ai rencontré deux exemplaires, l'un à la bibliothèque publique de Chaumont en Bassigny, l'autre dans celle de M. de Lamennais; dans le 1er qui a sans doute appartenu à quelque couvent, le chapitre entier des vers de Virgile est enlevé. Cette mutilation se rencontre dans un grand nombre d'exemplaires de ces anciennes éditions.

1595.

6. *Les mêmes.* — *Édition nouvelle* trouvée après le décès de l'auteur; revue et augmentée par lui d'un tiers plus qu'aux précédentes impressions. *Paris, Abel L'Angelier*, 1595 in-folio; des exemplaires portent : *Paris, Michel Sonnius*, rue Saint-Jacques, à l'Ecu de Basle; le privilége, au verso du titre, est daté du 15 octobre 1594.

Pas d'épigraphe. — Pas de préface de Montaigne. — Le chapitre intitulé « Que le goût des biens et des maux, etc., » qui jusque-là était le quatorzième du premier livre, est ici, comme dans toutes les éditions suivantes, le quarantième du même livre.

Cette édition fut donnée par mademoiselle de Gournay [1], d'après un manuscrit revu par Montaigne, et qui lui fut remis par sa veuve. C'était probablement un exemplaire de 1588, annoté comme celui dont il est parlé ci-dessus, puisque mademoiselle de Gournay dit à ce sujet : « Madame de Montaigne me les fit apporter pour être mis au jour, enrichis des traits de sa dernière main. » Un autre exemplaire resta dans la maison de Montaigne, comme le dit mademoiselle de Gournay; c'est celui-là qui fut donné aux Feuillants de Bordeaux. M. Bernadau, dans la lettre citée précédemment, s'est donc trompé en présentant l'exemplaire de Bordeaux comme étant celui qui a servi à mademoiselle de Gournay. On ignore ce qu'est devenu ce dernier qui différait notable-

---

(1) Marie de Jars ou Jards, et non Lejars, comme écrit Montaigne, et d'après lui presque tous les biographes et les éditeurs. Mademoiselle de Gournay dit, dans une Notice sur sa vie, qui fait partie de ses œuvres (in-4, —1641), que son père, Guillaume de Jars (sieur de Neufvi et de Gournay), tirait son nom et l'origine noble de Jars, dans le département du Cher près de Sancerre.

ment de celui qui a servi à Naigeon ; il est probable qu'après l'impression il n'aura pas été conservé.

Cette édition est la seule, avec celle d'*Anvers* sans date, dans laquelle on ne trouve pas de préface de Montaigne; et dans l'édition suivante, mademoiselle de Gournay dit qu'elle avait été égarée lors de l'impression. L'éditeur a fait précéder les ESSAIS d'une préface apologétique qui occupe 18 pages, et qui commence ainsi : « Si vous demandez à quelque artisan quel est César. » On y trouve à la fin quelques mots sur la mort de Montaigne, des détails sur sa famille, enfin l'énumération des soins qu'a apportés mademoiselle de Gournay pour que cette édition fût, « sinon parfaite jusqu'à tel point qu'elle désireroit, si « est-ce qu'elle requiert qu'on s'adresse toujours à elle, parce qu'outre « cela qu'elle n'est pas si loin de la perfection qu'on soit assuré si les « suivantes la pourront approcher d'aussi près, elle est au moins redres- « sée diligemment par un errata (il n'indique que 49 corrections) sauf « quelques si légères fautes qu'elles se restituent d'elles-mêmes. » Mademoiselle de Gournay a revu elle-même toutes les épreuves de cette édition, qui est parfaitement et correctement exécutée ; c'est à juste titre qu'elle la qualifie dans celle de 1635 de *vieil et bon exemplaire*, et elle reste encore aujourd'hui la principale, pour l'authenticité du texte, et l'une des plus remarquables sous le rapport typographique.

Les 29 sonnets d'Étienne de La Boëtie, qui se trouvaient au chapitre 29 dans les premières éditions, et au chapitre 28 dans celle-ci, sont ici supprimés et remplacés par une note qui a été reproduite textuellement par tous les éditeurs qui n'ont pas inséré les sonnets, mais sans qu'ils aient donné l'explication de cette note, qui est ainsi conçue : *Ces 29 sonnets, d'Et. de La Boëtie qui estoient mis en ce lieu ont été depuis imprimés avec ses œuvres*. Ces sonnets ont-ils été réellement imprimés ? Dans ce cas, où le sont-ils ? Montaigne, dans l'exemplaire de Bordeaux, a rayé ces vers et il a ajouté simplement *ces vers se voyent ailleurs*, ce qui pouvait se rapporter aux éditions antérieures ; car Montaigne n'avait pu faire imprimer ces sonnets avec les œuvres de La Boëtie[1] qu'il avait publiés neuf ans auparavant, puisqu'il

---

(1) Les œuvres précitées de La Boëtie ont été publiées d'abord en 1571 par les soins de Montaigne, sous ce titre : *La Ménagerie de Xénophon, les Règles de mariage de Plutarque, Lettre de consolation de Plutarque à sa femme*, le tout traduit de grec en françois par feu M. Étienne de La Boëtie, conseiller du roi en sa cour de parlement à Bordeaux, ensemble quelques vers latins et françois, de son invention ; *Item* un Discours sur la mort dudit seigneur de La Boëtie, par M. de Montaigne. A Paris, Fédéric Morel, in-8. Malgré son titre, ce petit volume ne contient pas de vers français; ces vers ne parurent que l'année suivante (1572) chez le même imprimeur, sous ce titre: *Vers françois de feu M. Etienne de La Boëtie;* ils sont paginés à part, mais on les joignit au volume précédent, dont on réimprima le titre, avec la date 1572, chez Fédé-

ne les connaissait pas alors et qu'il venait de les recevoir lorsqu'il les a placés dans la première édition des Essais, en 1580. Il dit à ce sujet à madame de Grammont : « Ce sont 29 sonnets que le sieur Poyferré, « homme d'affaire et d'entendement, qui le connoissoit longtemps avant « moi, a retrouvé par fortune chez lui, parmi quelques autres papiers, « *et me les vient d'envoyer.* » Il n'y a d'autre moyen d'expliquer la note de mademoiselle de Gournay qu'en admettant que, dans l'intervalle de 1588 à 1595, on aurait imprimé quelque ouvrage de La Boëtie, et qu'on y aurait fait entrer ces 29 sonnets. En effet, le P. Lelong et d'après lui MM. Weiss et Beuchot attribuent à cet auteur un ouvrage intitulé : *Historique description du solitaire et sauvage pays du Médoc* (dans le Bourdelois), par feu M. *de La Boëtie*, conseiller, etc.; *Bordeaux. Millanges*, 1593, in-12, Lelong ajoute : « On a joint à cette description quelques vers du même auteur, qui ne se trouvent pas dans l'édition qu'avait donnée de ses œuvres Michel de Montaigne. » Il ne m'a point été possible de vérifier si les sonnets se trouvent dans cet ouvrage ; car il est assez rare, s'il existe, pour qu'on ne le rencontre dans aucune des bibliothèques de Paris, et que des bibliographes et des libraires instruits m'aient déclaré n'avoir jamais eu l'occasion de l'examiner.

M. Beuchot, qui n'a jamais vu cette *Historique Description* de La Boëtie, en annonçant dans le journal de la librairie (n° 150, janvier

ric Morel. Il paraît que plus tard on aura retrouvé, du même auteur, la traduction d'un morceau d'Aristote, qu'on imprima en 1600 avec le titre qui suit : *La Mesnagerie d'Aristote et de Xénophon*, c'est-à-dire la manière de bien gouverner une famille ; traduite de grec en françois, par feu Étienne de La Boëtie, etc., et mise en lumière avec quelques vers françois et latins dudit La Boëtie, par Michel, sieur de Montaigne. Paris, Claude Morel, in-8 ; et à cette occasion on réimprima ce qui avait été publié en 1571 et 1572, avec des titres particuliers pour l'*Aristote* et pour les vers français. *Paris, Claude Morel,* 1600. Mais, ce qui est assez surprenant, c'est qu'on a suivi la première édition page pour page et ligne pour ligne, de telle sorte qu'il semble, au premier coup d'œil, qu'il n'y a que les titres de changés. La pagination est la même qu'à la première édition, c'est-à-dire particulière pour chaque partie. Cependant, il est certain que c'est une impression nouvelle, car on trouve au recto des pages 2 et 5 du *Xénophon*, et au verso de la page 4 des vers français, des différences qui le prouvent. Ce volume de La Boëtie ne contient pas les vingt-neuf sonnets; lorsqu'il est complet, il doit être composé ainsi qu'il suit : huit feuillets paginés au recto pour les *Économiques* d'Aristote, y compris le titre transcrit ci-dessus (les feuillets 2 et 3 mal numérotés), puis cent trente-un feuillets avec titre particulier pour les autres traductions, les vers latins et la lettre de Montaigne ; enfin, dix-neuf feuillets pour les vers français, avec un titre à part, portant, comme les précédents, *Claude Morel,* 1600.

Ce petit volume, tel qu'il a été publié en 1572, est assez rare ; on le rencontre le plus souvent sans les vers français : il est très rare lorsqu'il est complet.

Pyramus de Candole a compris cette traduction de la Ménagerie dans les éditions qu'il a publiées des Œuvres de Xénophon, traduites en français par plusieurs auteurs (Cologne, 1613, in-fol. ; Yverdon, 1619, in-8). *Voyez* à ce sujet une note curieuse de M. Barbier, au numéro 15255 de son *Dictionnaire des Anonymes.*

1836) un ouvrage sur le Médoc, a ajouté une note par laquelle il priait les personnes qui la posséderaient de la lui faire connaître; cette invitation n'a point eu de résultat. M. Jouannet, que j'ai consulté à cette occasion, m'a dit qu'il était moralement sûr que cet ouvrage n'avait jamais été imprimé; et M. Weiss, qui le mentionne dans la Biographie universelle, ne l'a non plus jamais rencontré.

1595.

7. LES ESSAIS DE MICHEL, SEIGNEUR DE MONTAGNE, (*sic*) divisez en trois livres contenants un riche et rare thrésor de plusieurs beaux et notables discours couchez en un stile le plus pur et orné qu'il se trouve en nostre siècle, avec deux tables, l'une des chapitres, l'autre des choses plus mémorables contenues en iceux. cɔ. ɔ. xcv. Pour *François Le Febure de Lyon*, in-12.

La préface de Montaigne est adressée *au lecteur bénévole!* et elle est datée du premier mars 1590. La table analytique est assez détaillée, et à la fin de ces pièces liminaires on a placé un sonnet d'Expilly[1] sur les ESSAIS DU SIEUR DE MONTAGNE. Cette édition, fort incorrecte et très mal exécutée, contient les trois livres des Essais, moins les additions de celle de la même année in-fol. Par conséquent elle est faite d'après celle de 1588; mais elle est beaucoup moins complète qu'elle. Des chapitres entiers ont été supprimés, et dans ceux qui sont conservés il y a une foule de mutilations; les citations sont altérées, et pour n'en citer qu'un exemple, au « *nec cythara carentem* » qui termine le vers d'Horace qu'on trouve à la fin du troisième livre, on a substitué : «*nec studiis carentem.*» Le chapitre intitulé: « que le goût des biens et des maux, etc. » est le quatorzième comme dans les éditions antérieures à celle de mademoiselle de Gournay. Les chap. 29, 35, 41, 42, 54, 55 du premier livre, manquent; le chap. 13 du livre II intitulé : « De juger de la mort d'autrui, » porte pour titre à la table : de juger de la mort, advis; et dans l'ouvrage : divers avis sur le point de la mort. Les chap. 15, 19, 28, 30, 33, 35 de ce livre II, manquent de même que les chap. 4 et 5 du livre III. Le chap. 11, qui par suite de cette suppression se trouve le neuvième, est intitulé : « Des opinions, » au lieu de l'être : « Des boiteux. »

Cette édition est, sans contredit, la plus mauvaise de toutes celles qui ont été publiées.

1598.

8. *Les mêmes.* — *Édition nouvelle*, prise sur l'exemplaire trouvé

---

[1] Claude Expilly, conseiller du roi en son conseil d'état, président au parlement de Grenoble. *Voyez* à 1739. Je ne sais comment l'éditeur s'est procuré ce sonnet, car la première édition des poèmes d'Expilly n'a paru que l'année suivante.

après le décès de l'auteur, revue et augmentée d'un tiers plus qu'aux précédentes impressions ; *Paris, Abel L'Angelier,* au premier pilier de la grand'salle du Palais. M. D. XCVIII grand in-8°. — Frontispice gravé, portant pour la première fois *viresque acquirit eundo.* 1164 pages. — Même privilége qu'en 1595. Très belle édition.

La préface de Montaigne reparaît ici ; elle est datée du premier mars 1580, et elle est suivie d'une note qui dit que cette préface, corrigée de la dernière main de l'auteur, ayant été égarée en la première impression depuis sa mort, a naguère été retrouvée. En effet, elle offre quelques différences avec celles des précédentes éditions.

La préface de mademoiselle de Gournay, qui se trouvait dans l'édition précédente, est supprimée et remplacée par une autre très courte, par laquelle elle se rétracte de cette préface que l'aveuglement de son âge et d'une violente fièvre d'âme lui laissa naguère échapper des mains, lors qu'après le décès de l'auteur, madame de Montaigne sa femme les lui fit apporter (les Essais) pour être mis au jour, enrichis des traits de sa dernière main.

Cette édition est la première sur laquelle on rencontre une épigraphe ; et le *viresque acquirit eundo* qu'elle porte a été inscrit par Montaigne lui-même sur le frontispice gravé de l'exemplaire de 1588, qui est à la bibliothèque de Bordeaux. L'intention de l'auteur était donc que cette citation servît d'épigraphe à son ouvrage ; aussi trouve-t-on ce *vires* à toutes les éditions suivantes, sauf deux ou trois exceptions, jusqu'à celle de 1659 exclusivement.

Ce n'est qu'à l'édition de 1635 qu'on voit paraître la devise que Montaigne avait adoptée, le *que sais-je?* avec l'emblème des balances ; et dans cette édition on trouve l'épigraphe et la devise, de même que dans plusieurs des suivantes.

Ce *que sais-je?* que Pascal a si sévèrement analysé[1] se lit au chapitre douze du livre II ; il caractérise parfaitement la philosophie de Montaigne ; il est la conséquence de cette maxime qu'il avait inscrite en grec sur les solives de sa librairie : « Il n'est point de raisonnement auquel on n'oppose un raisonnement contraire. » La devise de Charron : « je ne sais, » exprime la même pensée, mais moins convenablement, par cela même qu'elle est sous une forme affirmative. Celle de Lamothe le Vayer (*de las cosas mas seguras la mas segura es dudar*)[2] qui offre avec les précédentes une frappante analogie, n'est en quelque sorte que la traduction du mot hardi de Pline, cité par Montaigne au chap. 14 du livre II « *Solum certum nihil esse certi.* » Varron était plus orthodoxe

---

(1) *Pensées de Pascal,* supplément à la première partie, art. XI.
(2) Des choses les plus sûres la plus sûre est de douter.

dans la forme, bien qu'au fond la pensée fût la même, lorsqu'il écrivait : *Hominis est hæc opinari, Dei scire;* et Fontenelle, quand il disait : *Je suis effrayé de la certitude que je vois maintenant partout*, n'était pas plus *certain* que Montaigne ; mais il était plus *réservé* dans l'expression de son doute.

1600.

9. *Les mêmes.* — *Édition nouvelle*, prise sur l'exemplaire trouvé après le décès de l'auteur, revue et augmentée d'un tiers outre les précédentes impressions; *Paris, Abel L'Angelier,* M. D. C. Grand in-8.

Préface et notes, privilége, épigraphe, frontispice gravé, les mêmes qu'en l'édition de 1598. 1166 pages.

Edition moins belle que la précédente, mais encore belle et très bonne.

Le chapitre 21 du livre II est intitulé à la table : « Contre la fainéantise, » comme aux éditions précédentes; dans l'ouvrage il a pour titre : « Contre la fantasie. »

1602.

10. Coste (Avis sur l'édition de 1739) cite une édition de Paris sous cette date, et il la qualifie de belle. Brunet, Fournier, Cailleau, indiquent cette édition que je n'ai pas rencontrée ; je l'ai vue indiquée encore dans le catalogue de la première vente de M. Dincourt d'Hangard (par Née de La Rochelle, 1789), sous le n° 332.

D'après ces autorités, il est positif que cette édition existe, et les renseignements que donne Coste mettent à même de la décrire de la manière qui suit :

Les mêmes. — *Paris, Abel L'Angelier,* 1602. Belle édition conforme aux deux précédentes, contenant de plus à la fin le sonnet d'Expilly dont il est parlé à l'édition in-12, de 1595. Cette dernière indication prouve sans contestation l'existence de cette édition, différente de celles de 1598 et de 1600, qui n'ont pas le sonnet.

11. *Les mêmes.* — (titre détaillé comme à celle de 1598.) *Leyde, Jean Doreau,* 1602, in-8° (plus petit format que les trois éditions précédentes).

Frontispice imprimé. — *Vires.* — 1132 pages. — Fleurons aux lettres initiales des chapitres. — Les deux préfaces et la petite note à celle de Montaigne, comme aux éditions précédentes; plus une table analytique qui est la première depuis celle de 1595 in-12, et qui est intitulée: « Les pages du sieur de Montaigne, où sont contenues les plus rares remarques de son livre, à savoir les exemples des vertus et des vices, les plus graves sentences, similitudes et comparaisons, avec un recueil des lois anciennes des peuples et nations ; plus la vie de l'auteur par remarques principales et précieuses sur son propre livre, le tout en forme de lieux communs. »

— Le chapitre 21 du livre II, est intitulé : « Contre la fantasie. »

12. Il existe une contrefaçon de cette édition, indiquant le même libraire, la même ville et la même date. En comparant la pagination, les fleurons, les fautes, on acquiert la certitude que c'est une composition différente. On distinguera ces deux éditions à la vue du titre ; car dans celle qui précède, l'E du mot exemplaire est majuscule : il est italique à celle-ci qui ne vaut pas l'autre.

Cette deuxième édition n'a pas de table analytique.

1604.

13. *Les mêmes.* — *Édition nouvelle,* prise sur l'exemplaire trouvé après le décès de l'auteur, revu et augmenté d'un tiers, outre les précédentes impressions, enrichie de deux tables curieusement exactes et élaborées, *Paris, Abel L'Angelier.* M.D.C.IV. in-8.

Frontispice gravé. — *Vires.* — Note de mademoiselle de Gournay à la préface de Montaigne. — Fleurons à la lettre initiale des chapitres. — 1032 pages. — Table analytique, et à la fin une table additionnelle, pour la vie de Montaigne, extraite des Essais. Le chapitre 21 du livre II est intitulé : « Contre la fantasie. »

Bonne édition, moins belle et moins grande de format que les précédentes, publiées in-8° par le même libraire. Pas de sommaires aux marges, quoi qu'en dise Henri Étienne (v. 1652).

1608.

14. Coste cite une édition sous cette date, et il la qualifie de bonne ; je ne l'ai pas rencontrée, mais je crois qu'elle existe, car l'édition de 1611 porte un extrait du privilége accordé en date du 23 mars 1608 à *Charles Sevestre* et *Jean Petitpas,* ce qui confirme l'opinion de Coste. Suivant toute apparence, cette édition est in-8°.

D'après les détails du privilége, cette édition était *enrichie et augmentée, outre les précédentes impressions, de petits sommaires en la marge, des choses plus remarquables, avec une table très ample et la vie de l'auteur ;* c'est la première fois que se rencontrent deux de ces additions qu'on retrouve dans les éditions suivantes.

1609.

15. *Les mêmes. Nouvelle édition,* etc. (comme aux précédentes). *Leyde, Jean Doreau,* in-8°. 1609.

Titre imprimé. — *Vires.* — Préface de Montaigne avec la petite note de mademoiselle de Gournay. — Petite préface de cette dernière.— Fleurons aux lettres initiales.—Table analytique intitulée : « Les pages du sieur de Montaigne, etc., » comme à 1602. Le chapitre 21 du livre II a pour titré : « Contre la fainéantise. » 1132 pages. Table non paginée.

1611.

16. *Les mêmes*.—*Édition nouvelle*, enrichie d'annotations en marge, corrigée et augmentée d'un tiers outre les précédentes impressions, avec une table très ample des noms et matières remarquables et signalées, plus la vie de l'auteur, extraite de ses propres écrits. *Paris*, avec privilége du roy(1608). Chez *François Gueffier*, rue Saint-Jean-de-Latran, devant le collége de Cambray. 1611. in-8º.

Frontispice gravé. — *Vires.* — Les deux préfaces. — La petite note de mademoiselle de Gournay est supprimée. — Sommaire discours sur la vie de Michel, seigneur de Montaigne. — Sommaires aux marges.— Indications des auteurs cités (c'est la première fois que cette addition se rencontre, à moins qu'elle n'existe à l'édition de 1608, que je n'ai pas vue) à la fin, extrait du privilége du roy. (Voyez à 1608.) Fleurons aux initiales.—1130 pages. Table non paginée.—Pour la première fois cette édition est enrichie d'un portrait de Montaigne, gravé par Thomas de Leu, au bas duquel ou lit le quatrain suivant :

> Voici du grand Montaigne une entière figure :
> Le peintre a peint le corps, et lui son bel esprit ;
> Le premier par son art égale la nature,
> Mais l'autre la surpasse en tout ce qu'il écrit.

Des exemplaires de cette édition sont indiqués chez *Charles Sevestre*, rue Saint-Jacques, devant les Mathurins. La date de l'édition est placée sur ceux-là à l'endroit où, pour les exemplaires de Gueffier, est la date du privilége.

D'autres exemplaires portent : Chez *Jean Petitpas*, rue Saint-Jean-de-Latran, au collége Cambray.

1614.

17. Bien que je n'aie pas rencontré d'édition de 1614, je suis persuadé qu'il doit en exister une sous cette date, et je me fonde sur ce que, 1º à l'édition de 1617, l'avis des imprimeurs dit : « Lecteur, nous te donnons les *Essais*, *reparés de nouveau de la version de leur latin* » ; il y avait donc eu une édition antérieure à 1617 où les citations étaient traduites, et cette traduction ne se trouve dans aucune des éditions qui précèdent ; 2º le privilége de l'édition de 1617 est de 1614 ; il est peu probable qu'on ait attendu 3 ans avant d'en faire usage.

Ce privilége, dont l'extrait se trouve à 1617, est accordé à mademoiselle de Gournay, et elle l'a ensuite cédé à *François Gueffier*, *Jean Petitpas*, *Charles Sevestre*, *Michel Nivelle* et *Claude Rigaud*. C'est donc chez ces libraires que cette édition doit être indiquée. Le format était probablement in-4°, puisque les deux éditions données en 1617 et 1625, par ces mêmes libraires, sont de ce format. Elle doit renfermer les sommaires aux marges, l'indication des auteurs, la vie de Montaigne, et pour la première fois la traduction des citations latines.

1616.

18. *Les mêmes.*—Édition nouvelle, etc. (comme à 1600), à *Cologne*, par *Philippe Albert*, 1616, in-8°.

Petite préface de mademoiselle de Gournay. — Sa note à la préface de Montaigne. — Table analytique, intitulée comme celle de 1602. — Titre imprimé, portant des armes fleurdelisées. — Fleurons aux lettres initiales. — 1132 pages. — Table non paginée. — Le chapitre 21 du livre II est intitulé : « Contre la fainéantise. » — Il y a une table analytique particulière pour la vie de Montaigne. Cette édition ne présente ni l'épigraphe *Vires*, ni les sommaires en marge, ni les indications d'auteurs.

On trouve des exemplaires sur lesquels le mot Cologne est surchargé et illisible, et au-dessus on a imprimé le mot Genève.

1617.

19. *Les mêmes.*—*Édition nouvelle*, enrichie d'annotations en marge, du nom des auteurs cités et de la version du latin d'iceux, corrigée et augmentée, etc. *Paris, Charles Sevestre*, en l'île du Palais, aux Trois Perruques, devant le Cheval de Bronze, 1617, in-4°.

Titre en rouge et en noir. — *Vires*. — Portrait de 1611. — Avis des imprimeurs. — Vie de Montaigne. — Grande préface de mademoiselle de Gournay. — En marge, sommaires et indications des auteurs. — Extrait du privilége daté du 28 novembre 1614.— Quatre tables, 1° table des chapitres ; 2° table analytique, intitulée comme celle de Leyde 1602 ; 3° table des noms propres d'hommes, de peuples, d'animaux, de villes, etc. ; 4° table qui indique ce qui a rapport à la vie de Montaigne. — Avis au lecteur par mademoiselle de Gournay, relatif aux traductions de presque toutes les citations latines et grecques, lesquelles sont réunies à la fin du volume dans l'ordre selon lequel elles se présentent dans l'ouvrage. Enfin, copie littérale de l'épitaphe latine gravée sur le tombeau qui a été élevé à Montaigne dans l'église des Feuillants de Bordeaux. Coste a donc eu tort de dire (Avis de l'édition de 1739) que cette épitaphe avait été imprimée pour la première fois dans l'édition de Paris 1725, in-4°.

On voit reparaître dans cette édition, mais modifiée et améliorée, la grande préface que mademoiselle de Gournay avait insérée dans celle de 1595 ; elle commence ainsi : « Si vous demandez au vulgaire quel est César. »

L'avis que mademoiselle de Gournay a placé au-devant des traductions fait connaître qu'elle a été aidée dans ce travail par MM. Bergeron, Martinière et Bignon ; elle motive cette traduction, qu'elle juge superflue, par le désir de l'imprimeur, et elle ajoute : « Je ne présente pas d'excuse d'avoir laissé dormir les passages libertins sous le voile de leur langue étrangère, ni d'avoir tors le nez à quelque mot joyeux de l'un d'entre eux. » (Toutes les éditions antérieures, excepté l'in-12 de 1595 écrivent constamment Montaigne ; dans celle-ci on dit alternativement Montaigne et Montagne.)

J'ai rencontré des exemplaires portant l'indication de : *Paris, Michel Nivelle*, rue Saint-Jacques, aux Signes ; et d'autres avec celle-ci : *Paris*, pour *Claude Rigaud*, libraire, demeurant à Lyon.

Enfin il existe des exemplaires au nom des libraires *Gueffier* et *Petitpas*.

Voyez, pour le mérite de cette édition, celle de 1625.

1617.

20. *Les mêmes*.—(Titre détaillé de 1611) *Rouen, Manassez de Préaulx*, devant le portail des libraires, 1617, in-8°.

Portrait et frontispice gravés de 1611. — *Vires*. Petite préface de mademoiselle de Gournay. La note à celle de Montaigne ne s'y trouve pas.—Sommaires et indications des auteurs en marge. — Fleurons aux initiales. — 1130 pages.

Des exemplaires portent l'indication, de : *Rouen, chez Jean Osmon*, dans la cour du Palais (Bibliothèque particulière à Valenciennes).

1619.

21. *Les mêmes*.—*Rouen*, chez la *Veuve de Thomas Daré*, devant l'Espérance, in-8.—Frontispice gravé. Portrait.—1130 pages.—Pas de petite note de mademoiselle de Gournay.—Sommaires aux marges, etc. Édition semblable à celles de 1602,-8,-11,-16,-17.

22. *Les mêmes*.—1619, in-8. Edition différente de la précédente.—Table analytique.—1130 pages.—La note de mademoiselle de Gournay ne s'y trouve pas.—Vie de Montaigne.—Sommaires et indication d'auteurs aux marges. L'exemplaire que je possède, et qui est le seul que j'aie rencontré, n'a pas de titre ; j'ignore par conséquent le lieu d'impres-

sion et le nom du libraire ; mais à la fin on lit qu'il a été achevé d'imprimer : « ce dernier jour d'août 1619, à l'imprimerie de *Jean Durand*. » La liste chronologique des libraires et imprimeurs de Paris ne mentionne qu'un seul imprimeur du nom de Durand, mais il porte le prénom de Pierre, il est donc probable que cette édition n'est pas de Paris.

Le catalogue imprimé de la Bibliothèque royale indique sous cette date une édition des Essais chez *J. Doreau* à *Leyde*, mais l'indication correspond à un exemplaire de 1609, qui est effectivement de Doreau ; ainsi on doit croire qu'il y a erreur au catalogue, et d'ailleurs la Bibliothèque royale ne possède pas aujourd'hui d'exemplaire de cette date.

(1624. M. Vernier indique une édition de 1624 à Londres, dans laquelle on a, dit-il, recueilli beaucoup de pièces nouvelles. Le même auteur mentionne aussi des éditions de *Paris*, 1625, et *La Haye*, 1627. Ces éditions n'existent pas, et M. Vernier a confondu ces éditions avec celles de 1724, 1725 et 1727. J'ai relevé cette erreur parce que cet auteur fait ensuite reparaître ces éditions à leur véritable époque, ce qui forme un double emploi, et ce qui aurait pu ainsi faire croire à la réalité de leur existence aux dates de 1624,-25,-27.)

1625.

23. *Les mêmes.*—*Paris, Robert Bertauld*, 1625, in-4°.

Des exemplaires portent : *Veuve Remy Dallin*, au mont et image Saint Hilaire ; d'autres : *Charles Hulpeau*, demeurant au bout du Pont Saint-Michel, à l'Image Saint-Jean ; d'autres : *Gilles et Robinot* ; d'autres : *Martin Collet*, tenant sa boutique au Palais, en la galerie des Prisonniers.

Titre imprimé, avec l'épigraphe *Vires*. — Pas de privilége.

Cette édition commence par le même avis des imprimeurs que celle de 1617 avec laquelle elle présente une grande conformité ; elle en diffère en plusieurs points : 1° la grande préface de mademoiselle de Gournay a encore éprouvé quelques modifications, retranchements et additions ; 2° les indications d'auteurs et les sommaires n'existent que jusqu'à la page 96 ; 3° elle ne présente ni les tables, ni le portrait, ni l'épitaphe qui se trouvent à l'édition de 1617. Les traductions sont, comme à cette dernière, rassemblées dans l'ordre dans lequel elles se présentent dans les Essais.

Ces deux éditions sont très peu correctes, et les imprimeurs ont eu raison de terminer leur avis au lecteur, en disant : « Excuse pour ce coup les fautes d'impression, la guerre écartant et troublant les meilleurs ouvriers, apporte toujours quelque désordre aux arts, notamment à ceux des Muses. » Mais celle de 1625 est plus incorrecte encore, et moins complète que celle de 1617, et toutes deux ne présentent d'intérêt qu'à cause de la réapparition de la préface de mademoiselle de Gournay, différente sur chacune d'elles et différente de ce qu'elle se montre en 1595 et de ce qu'elle devait être à l'édition de 1635.

1627.

24. *Les mêmes.*—*Rouen, Robert Valentin*, dans la cour du Palais, 1627, in-8°. Des exemplaires sont indiqués chez *Jacques Calloué*, dans la cour du Palais ; d'autres chez *Guillaume de la Haye*, dans l'Estre Notre-Dame.

Titre gravé. — *Vires.* — Petite préface de mademoiselle de Gournay. — Portrait de 1611.

Sommaires et indication des auteurs aux marges, table analytique, 1130 pages.

Édition conforme à celles de 1602,-9,-11,-16,-17,-19,-36,-49.

J'ai rencontré plusieurs exemplaires de cette édition, sur lesquels, à l'aide d'une surcharge, on avait fait un 9 du 2 à la date, et sur quelques-uns assez habilement pour qu'il fût très difficile de reconnaître 1627 dans le chiffre 1697.

1635.

25. *Les mêmes.*—*Édition nouvelle*, exactement corrigée selon le vrai exemplaire ; enrichie à la marge des noms des auteurs cités et de la version de leurs passages, mise à la fin de chaque chapitre, avec la vie de l'auteur ; plus deux tables, l'une des chapitres et l'autre des principales matières. *Paris, Jean Camusat*, rue Saint-Jacques, à la Toison d'or ; MDCXXXV, in-folio.

Des exemplaires portent l'indication de *Toussaint du Bray*, rue Saint-Jacques, aux Espies meurs, et *Pierre Rocolet*, imprimeur ordinaire du Roi, au Palais, en la galerie des Prisonniers, aux Armes de la ville.

D'autres exemplaires portent seulement au frontispice, Paris, M. D CXXXV, avec privilége du roi.

Le premier titre est imprimé en rouge et en noir ; après cela vient un titre gravé, au milieu duquel est un portrait de Montaigne ; au haut on lit : LES ESSAIS DE MICHEL, SEIGNEUR DE MONTAIGNE, et à droite et à gauche, sur deux banderoles flottantes, d'un côté : *vires acquirit eundo*, et de l'autre : *unum pro cunctis*; au-dessous du portrait les balances et le *Que sais-je?* qui paraissent pour la première fois ; au bas l'indication nouvelle de *Paris, Camusat*, 1635 ; pour les exemplaires de ce libraire et pour ceux des autres, il y a simplement *Paris*, rue St.-

Jacques et au Palais. Les exemplaires de Camusat présentent encore à droite et au bas des armes supposées celles de Montaigne, et qui sont inexactes; et au verso de la dernière page du texte le privilége du roi transcrit intégralement, tandis que les exemplaires des autres libraires ne donnent qu'un extrait de cet acte et ne portent pas les armes. Après le privilége, vient la cession qu'en fait mademoiselle de Gournay à Jean Camusat. Cette édition a été donnée par mademoiselle de Gournay, qui l'a dédiée au cardinal de Richelieu, « dont la libéralité l'avoit aidée « à la mettre au jour, les imprimeurs ayant depuis sept ou huit ans re- « fusé de s'en charger aux conditions de soins et de fidélité qu'elle « exigeoit. » Elle se compose, outre les ESSAIS, d'une dédicace à Richelieu, de la grande préface de mademoiselle de Gournay, de la préface de Montaigne, datée du premier mars 1580, d'un sommaire de la vie de Montaigne, de la version des citations latines placée à la suite de chaque chapitre et d'une table analytique. Il n'y a pas de sommaires aux marges, mais seulement l'indication des auteurs cités[1].

La préface apologétique qui reparaît ici est celle que mademoiselle de Gournay avait d'abord insérée dans l'édition de 1595, puis, rétractée et supprimée en 1598; elle la reproduisit en 1599, dans la troisième édition du *proumenoir* de M. de Montaigne[2], en en retranchant les deux tiers; plus tard (1617), elle la publia de nouveau en tête des ESSAIS après avoir fait un petit nombre de modifications, mais surtout après l'avoir presque doublée d'étendue; elle l'inséra, augmentée encore, dans l'édition des ESSAIS de 1625; enfin, après l'avoir de nouveau augmentée et corrigée, elle la joignit à cette édition. Cette préface n'est pas mauvaise, quoi qu'on en ait dit; il est certain que le style de la première était diffus et d'une boursouflure insupportable; mais celle de 1635 mérite moins de reproche. L'auteur discute sérieusement les objections principales qu'on a adressées aux ESSAIS, et elle y répond le plus souvent d'une manière victorieuse. C'est avec raison que Bayle a dit de cette préface « qu'elle méritait d'être lue »; et Coste, qui, la confondant avec celle de 1595, l'avait exclue de la première édition qu'il a donnée, l'a admise dans la troisième et les suivantes.

---

(1) Je ne sais sur quel fondement le *Dictionnaire historique* de Feller (Paris, 1818) dit qu'à la fin de cette édition se trouve *le Promenoir de M. de Montaigne* (petit ouvrage de mademoiselle de Gournay). Cette assertion est complétement erronée.

(2) Troisième édition. Paris, L'Angelier, 1599, in-18. Ce petit volume, peu commun, contient le Proumenoir, quelques poésies et la préface. J'en ai examiné plusieurs exemplaires; tous m'ont offert une lacune dans la pagination. Le dernier feuillet des poésies est numéroté 78, et le premier de la préface est numéroté 111. Mais les lettres qui servent de signatures se suivent; quelques-uns des exemplaires ont des *errata*, d'autres n'en ont pas.

2

Cette édition a été mise sur la même ligne que celle de 1595 ; quelques bibliographes lui donnent même la préférence, et le savant M. Weiss est de ce nombre. Malgré cette autorité dont je me plais à reconnaître tout le poids, j'oserai exprimer une opinion contraire, et dire que si l'édition de 1635 est supérieure à son aînée par les pièces qui y sont jointes, elle lui est inférieure sous le rapport de l'authenticité du texte, puisque mademoiselle de Gournay est forcée de convenir dans sa préface « qu'elle a été obligée de céder à l'exigence des imprimeurs, et non pas de changer, mais oui bien de rendre seulement moins fréquents en ce livre trois ou quatre mots à travers champ, et de ranger la syntaxe d'autant de clauses : ces mots sans nulle conséquence, comme adverbes ou particules qui leur sembloient un peu revesches au goût de quelques douillets du siècle, et ces clauses sans aucune mutation de sens, mais seulement pour leur ôter certaine dureté ou obscurité qui sembloient naître à l'aventure de quelque ancienne erreur d'impression. » Quel que soit le scrupule que mademoiselle de Gournay a apporté dans ces changements, il est certain qu'ils existent ; et quoiqu'elle dise que cette édition est la *sœur germaine* de celle de 1595, cette dernière doit conserver sa prééminence sous le rapport de l'authenticité du texte, comme elle la possède sous le rapport de l'exécution typographique. M. Droz, qui donne la préférence à l'édition de 1635 sur celle de 1595, se fonde sur quelques différences qui existent entre ces deux éditions et sur son goût particulier pour la version la plus moderne. Mais on peut répondre que les changements apportés dans le texte de l'édition de 1635, fussent-ils des améliorations, ne sont pas l'œuvre de Montaigne. Mademoiselle de Gournay n'avait pas eu de matériaux nouveaux depuis 1595, époque à laquelle elle disait qu'elle était chargée de mettre au jour les ESSAIS DE MONTAIGNE, enrichis des traits de sa dernière main.

Quelle que soit mon opinion sur la valeur relative de ces deux éditions, on doit savoir gré à mademoiselle de Gournay des peines infinies qu'elle a prises pour empêcher, comme elle le dit dans sa dédicace, « que les mains impures qui depuis longtemps avoient diffamé ce livre par tant de malheureuses éditions, osassent commettre le sacrilège d'en approcher. »

C'est à cette savante fille que nous devons la première édition complète des ESSAIS ; et les soins qu'elle a apportés aux deux éditions qu'elle en a donné lui mériteront toujours la reconnaissance des lecteurs de Montaigne. Pour faire apprécier ce qu'elle appelait *sa religion en cela*, je rapporterai quelques fragments de sa préface et un extrait du privilége du roi. Cette dernière pièce est remarquable, en ce que sa rédaction diffère de celle qu'on rencontre ordinairement dans ces actes, et qu'elle fait connaître le jugement de l'éditeur sur les éditions précédentes, sans exception même pour celles de 1617 et de 1625 auxquelles elle avait indirectement participé.

Voici l'extrait de ce privilége accordé à mademoiselle de Gournay en date du 13 septembre 1633, et qu'elle a ensuite cédé à Camusat le 28 août 1635 :

« Louis :............ notre chère et bien-amée, la damoiselle de Gournay, nous a fait remontrer que le feu sieur de Montaigne lui ayant, de son vivant, recommandé le soin de son livre des Essais, et depuis son décès, ses plus proches lui ayant donné toute charge de l'impression d'iceux, comme il est notoire, et plusieurs fautes énormes s'étant coulées en la plupart des impressions, en sorte que tout le livre s'en trouve gâté et plein d'omissions et additions apostées, comme l'exposante a fait voir à aucuns de nos amés et féaux conseillers..... Elle a désiré rendre ce devoir au public et à la mémoire dudit défunt sieur de Montaigne, d'empêcher que ce désordre n'arrive plus en l'impression dudit livre, qui est d'importance comme étant un œuvre très excellent et qui fait honneur à la France.......... A ces causes, désirant gratifier ladite exposante et favoriser la bonne intention qu'elle a de conserver ledit œuvre des Essais en la façon qu'il a été composé par l'auteur, sans qu'il y soit changé aucune chose qui puisse le corrompre.......... Faisons très expresses défenses à tous autres imprimeurs et libraires d'entreprendre d'imprimer ledit œuvre, sans le gré et consentement de ladite exposante et sans s'adresser à elle pour prendre avis et aveu de la copie et méthode qu'ils doivent choisir pour faire sur icelle ladite impression, et s'obliger à elle d'y mettre bon ordre, et bons correcteurs pour éviter aux inconvéniens et fautes qui peuvent ruiner ledit livre, offrant aussi ladite exposante de sa part, rendre cet office gratuitement au public et auxdits imprimeurs quand ils l'en requerront, et sans les obliger à aucune charge que de suivre les anciens et meilleurs exemplaires, lesquels elle leur fournira, etc. »

Conformément à la promesse qu'avait faite dans sa préface mademoiselle de Gournay « de répéter encore la recherche des fautes de cette édition, et d'en mettre après un exemplaire en la bibliothèque du roi, corrigé des derniers traits de sa plume, afin que la postérité y puisse avoir recours au besoin, » elle a fait don à la Bibliothèque royale d'un exemplaire qui porte un certain nombre de corrections, et sur lequel elle a écrit en tête *don de mademoiselle de Gournay*[1].

Enfin, mademoiselle de Gournay termine sa préface en disant : « Si

---

[1] Ces corrections, dont le nombre ne dépasse pas une trentaine, portent exclusivement sur des fautes d'impression autres que celles signalées à l'*errata*. Mademoiselle de Gournay a de plus ajouté, de sa main, en tête de presque toutes les pages, le numéro du chapitre, le chiffre du livre y étant seul indiqué.

quelqu'un accusoit tant de menus soins, comme pointilleux, j'estime au contraire qu'ils ne le peuvent être assez sur l'ouvrage d'un esprit de si haute sagesse que ses fautes pourroient servir d'exemple, si nous permettions qu'il en échappât ici [1]. »

Bien que j'accorde à l'édition de 1595 sur celle de 1635 une préférence dont j'ai fait connaître les motifs, cette dernière n'en est pas moins une des meilleures que nous possédions des ESSAIS ; elle est assez belle d'impression et de papier, quoique sous ces rapports elle soit inférieure à celle de 1595, et elle possède sur celle-ci, pour un certain nombre de lecteurs, l'avantage d'offrir la traduction des citations.

Je préfère les exemplaires indiqués chez *Camusat*, parce qu'ils ont en entier le privilége du roi, dont les autres ne donnent qu'un extrait.

1636.

26. *Les mêmes.*—*Dernière édition*, enrichie d'annotations en marge, corrigée suivant les premières impressions. *Paris, Salomon de la Fosse*, MDCXXXVI, in-8°.

Des exemplaires portent *Pierre Lamy*; d'autres *Guillaume Loyson*, au Palais, en la galerie des Prisonniers, au Nom de Jésus ; d'autres *Michel Blageart*.

Titre imprimé en rouge et en noir.—*Vires.*—Préface de Montaigne et petite préface de Gournay. Sommaire de la vie de Montaigne.—Fleurons aux lettres initiales de la plupart des chapitres. — 1130 pages sans la table.

Edition semblable à celle de 1608, 9, 11, etc. Voyez à 1649.

1640.

27. *Les mêmes.*—*Edition nouvelle*, corrigée suivant les premières impressions de L'Angelier, et augmentée d'annotations en marge de toutes les matières les plus remarquables, avec la vie de l'auteur, *Paris, Michel Blageart*, rue de la Calandre, à la Fleur de Lys, près le Palais, 1640, in-folio.

Titre en rouge et en noir, au centre duquel est le portrait de Mon-

---

[1] A l'occasion de cette édition, donnée par mademoiselle de Gournay, je mentionnerai un petit ouvrage, semi-anonyme, dont elle est auteur, que je n'ai vu nulle part indiqué dans la liste de ses ouvrages, et qui n'est pas compris dans les pièces qui composent les éditions de ses œuvres qui ont paru en 1626, 1634 et 1641. Ce petit ouvrage, inconnu à M Barbier, se compose de cent quatre pages ; il est intitulé : *Bienvenue de monseigneur le duc d'Anjou*, dédiée à la sérénissime république de Venise, son parrain désigné, par mademoiselle de G. *Paris, Bourriquant*, 1608, petit in-12. (Ce duc d'Anjou est Gaston, duc d'Orléans, second fils de Henri IV). J'ai acheté ce volume à la vente de la bibliothèque de Dulaure ; il est porté au numéro 416 du catalogue.

taigne.—Pas le *Vires.*—Pas de préface de Gournay. — Sommaire de la vie. — Table analytique.—750 pages sans la table.—Sommaires aux marges.—Indication d'auteurs.—Pas de traduction des citations. Bonne édition, dont les exemplaires, grand papier, sont très beaux.

On remarquera que le titre porte : « suivant les premières impressions de L'Angelier, » et qu'il y avait alors 5 ans seulement que mademoiselle de Gournay avait donné l'édition dédiée à Richelieu ; ce qui montre qu'on avait remarqué les altérations du texte qu'elle présente, et qu'elles n'étaient pas généralement approuvées.

J'ai retrouvé dans mes notes, sans autres détails, l'indication d'une édition in-folio, 1640. *Paris, Augustin Courbé*, à la Palme; c'est probablement celle-ci avec un titre différent.

1641.

28. *Les mêmes.*—*Edition nouvelle*, enrichie d'annotations en marge, corrigée et augmentée d'un tiers, outre les précédentes impressions, avec une table très ample des noms et des matières remarquables et signalées; plus la vie de l'auteur, extraite de ses propres écrits. *Rouen*, chez *Jean Berthelin*, dans la *court* du Palais, 1641, in-8°.

Titre gravé, portant au haut un portrait de Montaigne avec allégories, signé F. Honeruogh.—*Vires.*—Petite préface de Gournay.—Sommaires et indication d'auteurs aux marges. — Petits fleurons aux lettres initiales des chapitres.—1130 pages.—Édition pareille à celles de 1608, 11, etc. (V. après 1649).

Il y a des exemplaires de cette édition qui sont indiqués : à *Rouen*, chez *Jacques Besongue*, dans la court du Palais, sans date (bibliothèque particulière à Saint-Quentin).

1649.

29. *Les mêmes.*—*Dernière édition*, enrichie d'annotations en marge, avec une table très ample des matières. *Paris, Michel Blageart*, au bout du Pont Neuf, au coin de la rue Dauphine, 1649, in-8°.

Réimpression de l'édition in-folio du même libraire.— Titre imprimé rouge et noir, avec l'épigraphe fautivement copiée *utriusque (sic) acquirit eundo.*—Pas de préface de Gournay.—1130 pages. — Vignettes fleurdelisées en tête de la vie et des deux premiers chapitres.—Vignette différente au troisième.—Fleurons aux initiales des chapitres.

30. *Les mêmes.*—*Édition nouvelle*, etc. (Le reste comme à 1641), à *Envers (sic)* chez *Abraham Maire*, sans date, in-8°.

Titre gravé et portrait comme aux éditions de 1608, 11, etc.— Pas de préface de Montaigne ni de mademoiselle de Gournay.—Sommaires et noms d'auteurs aux marges.—Cette édition est différente des éditions de 1608, 11, etc., auxquelles elle ressemble d'ailleurs beaucoup.

31. J'ai rencontré un exemplaire d'une édition de Montaigne semblable à celles de 1608, 11, 41, 49, etc., et autre que ces éditions ; mais le frontispice manquait et je n'ai pu connaître le lieu d'impression ni le nom du libraire.—1130 pages.—Fleurons aux initiales des chapitres ; les préfaces, le sommaire de vie, les sommaires en marge, la table analytique, sont comme aux éditions précitées ; mais ce qui ne se rencontre à aucune de celles-là et qu'on trouve à celle-ci, c'est une vignette fleurdelisée en tête du livre II, et des vignettes différentes aux deux autres livres, au sommaire de la vie, aux préfaces, etc.

Toutes les éditions qui précèdent, excepté la première, sont en un seul volume ; mais parmi elles il en est plusieurs qui semblent être une succession de réimpression les unes des autres. Le format en est petit in-8°; le caractère est à peu près le même pour toutes ; la plupart ont le même portrait, le même titre gravé, le même nombre de pages, c'est-à-dire onze cent trente pages ; elles se suivent l'une l'autre page pour page et ligne pour ligne, de telle sorte que le plus grand nombre des pages et des lignes commencent et finissent par le même mot, et le chiffre des pages suit également ; il y a plus, c'est que souvent les mêmes fautes se rencontrent, soit qu'elles aient lieu dans le texte ou dans la pagination ; quant à ces dernières, lorsque dans une édition elles n'ont pas été suivies pour une page, on est sûr de les retrouver plus loin, de telle sorte qu'après quelques feuillets les deux exemplaires marchent ensemble. Ainsi, aux éditions de 1611 et de 1649, on saute de la page 605 à 608. Les éditions de 1619, 1627 et 1636 ne présentent pas cette lacune, mais on la retrouve à la page 608, où l'on passe brusquement à celle numérotée 611, et ensuite toutes les éditions marchent d'accord. La ressemblance générale qui résulte des circonstances que je viens d'énumérer est telle, qu'au premier coup d'œil on serait tenté d'admettre qu'il n'y a, pour toutes ces dates diverses, que deux ou trois éditions dont les titres seulement sont différents, et il est souvent difficile de trouver quelque particularité qui puisse les différencier les unes des autres. J'ai mis tous mes soins à distinguer ces diverses éditions, et je puis affirmer que celles que j'ai décrites comme étant différentes, le sont bien en effet. Les éditions qui ont entre elles une telle ressemblance sont celles de 1602 (les deux de *Leyde*), 1609, 1611, 1616, 1617 (*Rouen*), 1619 (les deux), 1627, 1636, 1641, 1646, et les deux qui terminent cette série, savoir celle d'*Anvers* et celle dont le titre manque (numéro 31).

Dans ces éditions, les chapitres entiers sont sans un seul *alinéa*, excepté ceux rendus obligatoires par les citations. Le chapitre 2 du livre II, qui dans la plupart des éditions autres que celles-ci, et dans toutes celles qui suivent, est intitulé *Contre la fainéantise*, est ici intitulé *Contre la fantasie*. Ces éditions, dont plusieurs sont assez bien exécutées, ne sont pas très communes; elles sont généralement peu correctes, et cependant elles sont précieuses pour les lecteurs assidus des Essais; car le format in-8° du temps n'étant pas plus grand que nos in-12 d'aujourd'hui, il n'est aucune des éditions de Montaigne qui offre les Essais sous un volume aussi portatif que celles-là.

La meilleure de ces éditions est, sans contredit, celle de 1619, chez Jean Durand (numéro 22); elle est plus correcte que les autres, et assez bien imprimée. Celle de 1627 vient ensuite; puis vient celle de 1611 : les plus mal exécutées de ces éditions sont celles de 1602 (la deuxième, numéro 12), 1636, et surtout 1616.

Je rappelle ici une remarque que j'ai faite antérieurement à l'occasion de l'édition de 1593; c'est que, dans un grand nombre d'exemplaires de ces éditions, le chapitre des vers de Virgile est complétement enlevé. Cette mutilation se voit surtout sur les exemplaires qui ont appartenu à des couvents. Les personnes scrupuleuses auxquelles elle est due auront sans doute pensé, contrairement à l'avis de Montaigne, que son portrait n'aurait pas souffert de n'être pas aussi complet qu'il a voulu qu'il fût; elles auront oublié que l'auteur des Essais leur avait dit, dans la préface, « que s'il eût été parmi ces nations qu'on dit vivre « encore sous la douce liberté des premières lois de la nature, il s'y « fût très volontiers peint tout entier et tout nu. » Il faut convenir que si, par révérence pour son lecteur, Montaigne ne s'est pas peint tout nu dans ce chapitre, on peut dire au moins qu'il s'y est peint en fort simple déshabillé.

1652.

32. *Les mêmes.—Nouvelle édition*, exactement purgée des défauts des précédentes, selon le vrai original, enrichie et augmentée aux marges du nom des auteurs qui y sont cités et de la version de leurs passages, avec des observations très importantes et nécessaires pour le soulagement du lecteur, etc. *Paris, Augustin Courbé*, au Palais, en la galerie des Merciers, à la Palme, 1652, in-folio.

Premier titre, imprimé en rouge et en noir, avec vignette représentant un palmier, et cette legende (faisant allusion au nom du libraire) : *Resurgo curvata*. Deuxième titre, gravé avec portrait, qui est celui de l'édition de 1635, sur lequel le nom de *Camusat* est remplacé par l'indication qui suit : Rue Saint-Jacques et au Palais, 1652; vignette fleurdelisée en tête des trois livres et de la préface de Gournay. Il y a des exemplaires qui portent le nom de *Pierre Rocolet;* d'autres : *veuve Sébastien Huré*, et *Sébastien Huré*, rue Saint-Jacques, au Cœur-Bon.

A ces exemplaires, l'emblème du palmier est remplacé par l'arbre des Etienne, avec le *noli altum sapere.*

Cette édition contient, outre les ESSAIS, la grande préface et la dédicace de mademoiselle de Gournay, la préface de Montaigne, un sommaire de sa vie, une table analytique, et elle présente aux marges l'indication des auteurs et la traduction des passages cités, le tout précédé d'un avis de l'imprimeur (*Henri-Etienne*) par lequel il détaille les améliorations qu'il a apportées à cette édition, notamment en plaçant les traductions en regard du texte ; c'est en effet la première fois que ce rapprochement a lieu.

Le privilége accordé à Henri Étienne est daté du 3 mai 1651 ; il est suivi d'une note qui annonce que l'imprimeur a traité de la jouissance de cette édition seulement, avec les libraires *Courbé* et *Le Petit*. Il est probable, d'après cela, qu'il y a des exemplaires qui portent le nom de ce dernier libraire.

Je ferai observer que dans cet avis au lecteur, Henri Étienne dit que, dans les éditions de L'Angelier, « il y avait aux marges, sans aucune version, des observations très utiles et très importantes pour le soulagement du lecteur. » C'est une erreur complète ; aucune des éditions de L'Angelier ne présente de sommaires aux marges. La dernière est celle de 1604, et la première édition sur laquelle on trouve ces sommaires est celle de 1608. Cette édition est bonne.

1657.

33. *Les mêmes.*—*Edition nouvelle* (le reste du titre comme à 1652), avec augmentation de la version française des passages italiens. *Paris, Jean-Baptiste Loyson*, rue Saint-Jacques, près la poste, à la Croix-Rouge. MDCLVII, in-fol., 840 pages. Des exemplaires portent : *Jacques Langlois* et *Emmanuel Langlois ;* d'autres : *Pierre Lamy*, au Grand-César ; d'autres : *Pierre Rocolet*, imprimeur ordinaire du roi et de la Maison de Ville, au Palais, en la galerie des Prisonniers ; d'autres : la veuve *Marin Dupuis*, rue Saint-Jacques, à la Couronne d'Or ; d'autres : *Sébastien Huré* et *Frédéric Léonard* (bibliothèque de Lyon). Premier titre, imprimé en rouge et noir, emblème et légende des Etienne ; deuxième titre, gravé ; c'est celui avec portrait, de 1635 et de 1652. Au bas, il est dit seulement : Rue Saint-Jacques et au Palais. Privilége de 1651, suivi d'une note qui fait connaître que *Henri Etienne* a cédé son droit pour cette édition à *Le Petit* et *Huré*. Il est donc probable qu'il existe des exemplaires au nom du premier de ces libraires, quoique je n'en aie pas rencontré. Cette édition est une réimpression de celle qui précède ; elle contient les mêmes pièces qu'elle, et toutes deux se suivent en plusieurs points, à la page et à la ligne ; de sorte qu'au pre-

mier coup d'œil on croirait que c'est la même, ce qui n'est pas ; car, à part un certain nombre de différences, on trouve à la fin du volume : Achevé d'imprimer pour la deuxième fois, le 1ᵉʳ octobre 1657.

1659.

34. *Les mêmes*.—*Nouvelle édition*, enrichie et augmentée aux marges du nom des auteurs qui y sont cités, avec la version des passages grecs, latins et italiens. *Paris*, *Christophe Journel*, rue Vieille-Bouclerie, au bout du Pont-Saint-Michel, à l'image Saint-Jean; 1659, in-12, 3 vol.

A chaque volume, titre gravé, signé N. de Larmessin, avec portrait de Montaigne, et au-dessous les balances et le *Que sais-je?*—Préface de Montaigne.—Dédicace à Richelieu.—Grande préface de Gournay — Vie de Montaigne.—Aux marges existent des sommaires, l'indication des auteurs et la traduction des citations. Chaque volume contient un des livres des ESSAIS, et à chacun d'eux il y a table des chapitres et table des matières. Les sonnets de La Boëtie ne se trouvent pas dans cette édition. Cette édition est la première, depuis celle de 1580, qui soit publiée en plusieurs volumes ; elle est assez jolie, mais elle n'est pas irréprochable sous le rapport de la correction du texte.

La préface de Montaigne est intitulée : Avertissement de l'auteur, inséré en toutes les précédentes éditions, ce qui est inexact, puisqu'elle n'existe pas dans celle de 1595 et dans celle d'Anvers.

1659.

35. *Les mêmes*. — *Nouvelle édition*, exactement purgée des défauts des précédentes, selon le vrai original, et enrichie et augmentée aux marges du nom des auteurs qui y sont cités et de la version de leurs passages, avec des observations très importantes et nécessaires pour le soulagement du lecteur ; ensemble la Vie de l'auteur, et deux tables, l'une des chapitres, et l'autre des principales matières, de beaucoup plus ample et plus utile que celle des dernières éditions. *Bruxelles*, *François Foppens*, libraire et imprimeur, MDCLIX, ou *Amsterdam*, *Antoine Michiels*, libraire. Le titre, dont la copie est ci-dessus, est imprimé en rouge et en noir ; il est précédé, au tome I, d'un frontispice gravé, signé P. Clouwet, au milieu duquel on voit le portrait de Montaigne, avec la Balance et le *Que sais-je?* Au haut il est écrit : LES ESSAIS DE MICHEL, SEIGNEUR DE MONTAIGNE ; et au bas : Nouvelle édition, mis (*sic*) en 3 vol.

En outre des détails que donne le titre, cette édition renferme la dédicace à Richelieu, la grande préface de Gournay et un récit sommaire de la Vie de Montaigne. A la fin de ces pièces liminaires, on trouve deux citations de Juste-Lipse à la louange de Montaigne. On sait que cet auteur apprécia le mérite des Essais dès leur apparition, et malgré la froideur avec laquelle ils furent reçus du public ; aussi mademoiselle de Gournay dit dans sa préface : « C'est un bonheur qu'une si « fameuse et digne main que celle de Justus Lipsius ait ouvert par écrit « public la porte de la louange aux Essais. »

Même observation qu'à l'édition qui précède, relativement au titre de la préface de Montaigne. Au tome III est une table analytique générale plus commode par conséquent que les 3 tables (une pour chaque vol.), qui se trouvaient à l'édition de Paris.

Cette édition est recherchée et estimée à cause de la beauté de l'impression. Elle est en tout conforme à la précédente, dont elle paraît n'être que la réimpression; elle est moins correcte, et elle n'a aucun mérite littéraire. Bastien dit avoir trouvé plus de six mille fautes essentielles d'impression, de fausses citations, et des contre-sens sans nombre occasionnés par une ponctuation vicieuse. Il est probable qu'il a été tiré des exemplaires sur différents papiers, car ils varient de 5 pouces 5 lignes à 5 pouces 11 lignes.

Brunet dit à ce sujet, « qu'on n'en recherche plus guère maintenant que les exemplaires très grands de marge », c'est-à-dire ceux qui ont de 5 pouces 8 lignes à 5 pouces 11 lignes. Un exemplaire de 5 pouces 9 lignes a été vendu 90 fr. (A. Martin); 5 pouces 8 lignes, 131 fr. (Firmin Didot); 5 pouces 10 lignes, 150 fr. (Renouard); 5 pouces 11 lignes, 284 fr. Mar. Bl. Dent. (Bérard) (magnifique exemplaire de la plus belle conservation et avec témoins).

Cette édition a été généralement attribuée aux *Elzevirs*. M. Bérard partage cette opinion, qui a été combattue par MM. Charles Nodier et Brunet, et par Bastien; M. Bérard soutient qu'elle a été exécutée dans l'imprimerie de *Jean et de Daniel Elzévir;* il se fonde sur un passage d'une lettre que Desmarest adressait à Chapelain, et dans lequel il le félicite de s'être chargé de recueillir les éloges et les témoignages (*elogia et testimonia*) des auteurs qui ont parlé de Montaigne pour en enrichir *l'édition que les Elzévirs préparent*. M. Bérard ajoute d'ailleurs que les « caractères sont ceux que les Elzévirs employaient ordinairement pour l'impression de leurs livres, et que l'on y trouve les vignettes qu'ils avaient seuls l'habitude d'employer. » M. Charles Nodier a répondu à la première assertion de M. Bérard: que l'absence des *elogia et des testimonia* dans l'édition en question prouve qu'elle n'est pas celle que les Elzévirs avaient projetée; qu'il est probable que ces imprimeurs avaient préparé une édition de Montaigne, mais qu'ils ne l'ont pas publiée; que le format grand in-12 du Montaigne fournit même une présomption nouvelle, puisqu'ils avaient adopté presque exclusivement le format petit in-12, qui est celui du Charron, avec lequel leur Montaigne aurait dû nécessairement faire collection. Enfin M. Charles Nodier est d'avis que cette édition tout imprimée qu'elle soit avec des caractères et des fleurons elzéviriens n'est pas digne des Elzévirs, et à cet égard M. Brunet entre dans quelques détails dont je donnerai seulement la substance. Ce bibliographe établit qu'aucune des éditions qui portent le nom d'un des Elzévirs ne présente identiquement les caractères du Montaigne, tandis que ces mêmes caractères se rencontrent déjà dans l'Alaric de Scudéry, bien certainement imprimé à *Bruxelles* par *Fr. Foppens* en 1656; or, ce Foppens, libraire et imprimeur, est le même dont le nom se lit sur les titres d'une partie des exemplaires du Montaigne de 1659, et on remarque que les caractères de ces trois volumes sont un peu usés, et par conséquent moins beaux que dans l'Alaric, publié trois ans auparavant. M. Brunet rappelle ensuite que le Montaigne de Foppens est annoncé comme étant de *Bruxelles* dans deux catalogues de Blaeu, imprimés à Amsterdam en 1659 et 1662. Or, comme le rédacteur de ces deux catalogues a eu soin d'y marquer avec une certaine exactitude le nom des villes où ont été imprimés les livres qu'il annonce, même lorsque ces noms ne se lisent pas sur le titre, il faut bien croire que lui, qui écrivait à Amsterdam l'année même que parut le Montaigne, devait savoir à quoi s'en tenir sur le lieu de l'impression.

(Voyez sur cette question l'Essai bibliographique sur les éditions des Elzévirs par M. Bérard, Paris 1822; les Mélanges tirés d'une petite bibliothèque par M. Charles Nodier, Paris 1829; et les Nouvelles recherches bibliographiques de M. Brunet, Paris 1834.)

Je n'ai pas la prétention d'appuyer de mon autorité l'opinion de MM. Charles Nodier et Brunet; mais je suis convaincu que l'édition du Montaigne de Hollande n'a pas été imprimée par les Elzévirs.

1669.

36. *Les mêmes.*—*Édition nouvelle*, etc. (comme à l'édition de Paris 1659). *Paris, Laurent Rondet, Christophe Journel, et Robert Chevillion*; M. D. CLXIX, in-12, 3 volumes.

A chaque volume, titre gravé d'après celui de Paris 1659, et signé Matheus.—Assez jolie édition qui n'est qu'une réimpression de celle de Journel, et qui contient les mêmes pièces; l'une et l'autre sont moins incorrectes que l'édition de Hollande. Même observation qu'à celle-ci relativement à la préface de Montaigne.

37. *Les mêmes.* — *Nouvelle édition* (le reste du titre comme à l'édition de Foppens). *Lyon, André Olyer*, 1669, in-12, 3 volumes.

Des exemplaires portent: *Lyon, Ant. Besson*, rue Tupin, proche l'Empereur. Au premier volume frontispice gravé signé N. Auroux, copié sur celui de l'édition de Foppens; deuxième titre imprimé en rouge et en noir au premier volume, en noir aux deux autres, portant aux exemplaires d'Olyer une vignette où l'on voit une femme qui présente au soleil une sphère surmontée d'une croix; aux exemplaires de *Besson* il n'y a ni vignettes ni date.

Édition en tout conforme à celle de Hollande, 1659.

1724.

38. *Les mêmes.*—*Nouvelle édition,* faite sur les plus anciennes et les plus correctes, augmentée de quelques lettres de l'auteur, et où les passages grecs, latins et italiens sont traduits plus fidèlement et cités plus exactement que dans aucune des éditions précédentes, avec de courtes remarques et de nouveaux indices plus amples et plus utiles que ceux qui avaient paru jusqu'ici; par *Pierre Coste. Londres,* de l'imprimerie de J. *Tonson et J. Watts.* — 1724, in-4°, 3 vol.

Préface de l'éditeur. — Sommaires aux marges. — Notes nombreuses qui donnent la traduction et l'indication des citations, des détails sur les faits historiques rappelés par Montaigne, la rectification des erreurs qui y sont relatives, enfin, la paraphrase des passages dont le sens est obscur et l'explication des mots hors d'usage. A la fin du troisième volume on trouve, pour la première fois, des lettres de Montaigne au nombre de sept, savoir : les cinq qui se voient dans le volume des traductions par La Boëtie, une sixième adressée à Mademoiselle Paulmier, dont l'original appartenait alors à M. Gerard Van Papenbrock, et une septième extraite de la traduction de la théologie naturelle de R. Sebond; enfin ce volume est terminé par une table analytique. La préface de mademoiselle de Gournay ne se trouve pas dans cette édition. En tête de l'ouvrage on voit un portrait de Montaigne dessiné par Genest et fort bien gravé par Chereau, au bas duquel sont les balances, le *Que sais-je?* et les armes de Montaigne copiées sur l'édition de 1635, c'est-à-dire d'une manière tout-à-fait inexacte.

Coste déclare dans sa preface : qu'on a suivi dans cette édition celle de L'Angelier, 1595, et qu'il ne s'est servi de celles qui ont paru depuis que pour corriger de pures fautes d'impression; il blâme les modifications que, dans des éditions récentes, on a apportées au style de Montaigne; et il dit que s'étant fait une loi de donner le livre des Essais tel que l'auteur l'a laissé, il n'a admis aucune de ces prétendues corrections de langage.

Cette édition est une des plus belles et des meilleures que nous possédions de Montaigne. (Voir à 1725 le jugement de Bastien.)

On doit joindre à cette édition un supplément qui parut à Londres, en 1740 (voyez à 1739) sous ce titre : Supplément aux Essais de

MICHEL, SEIGNEUR DE MONTAIGNE. *Londres, G. Darres et J. Brindley*, 1740, in-4°.

Des exemplaires de ce dernier ouvrage ont un titre différent, savoir : MÉMOIRES POUR SERVIR AUX ESSAIS DE MICHEL, *etc.*, *deuxième édition; Londres, G. Darres, C. Du Bosc et J. Brindley*, 1741. Mais c'est la même dont les titres seulement ont été changés.

Ce supplément de 96 pages comprend les additions que fit Coste à l'édition qu'il donna des ESSAIS en 1739. Il se compose : 1° d'un avis des imprimeurs, extrait en grande partie de l'avis de Coste inséré en tête de l'édition de 1739 ; 2° de la Vie de Montaigne, par le président Bouhier; 3° du parallèle et comparaison d'Epictète et de Montaigne, par Pascal; 4° de la Servitude volontaire, par La Boëtie; 5° du sonnet d'Expilly, inséré déjà dans l'édition de *Lyon*, 1595, et dans celle de *Paris*, 1602; et d'une Note sur Arius et son pape, expression dont Montaigne s'est servi, et dont on ignorait le sens jusqu'à ce que M. Barbeyrac en donnât l'explication.

C'est ce supplément qui est dédié au président Bouhier, et non l'édition de 1725, comme le dit par erreur M. Beuchot à l'article Bouhier de la *Biographie universelle*, d'après le Dictionnaire de Chaudon et Delandine.

1725.

39. *Les mêmes*, donnés sur les plus anciennes et les plus correctes éditions, augmentés de plusieurs lettres de l'auteur et où les passages grecs, latins et italiens sont traduits plus fidèlement, et cités plus exactement que dans aucune des précédentes, avec des notes et de nouvelles tables des matières beaucoup plus utiles que celles qui avaient paru jusqu'ici, par *P. Coste*; nouvelle édition, plus ample et plus correcte que la dernière de Londres. *Paris, par la Société*, MDCCXXV, in-4°, 3 vol., titre rouge et noir, portrait gravé par Chereau, différent de celui de 1724, portant les balances avec le *Que sais-je?* et les armes véritables de Montaigne. Cette édition, faite d'après celle de Londres, contient de plus qu'elle : 1° un avis des libraires par lequel on détaille les améliorations qu'elle présente; 2° la préface de mademoiselle de Gournay, sa dédicace à Richelieu et le sommaire de la Vie de Montaigne, pièces que Coste avait cru devoir supprimer; 3° les deux épitaphes, l'une en prose latine, l'autre en vers grecs qui se lisent sur le tombeau de Montaigne, et une traduction de la dernière en vers latins; 4° Les sonnets de La Boëtie qui ne se trouvaient plus dans aucune édition depuis celle de 1588; 5° deux lettres de Montaigne ajoutées aux sept données par Coste; 6° de nouvelles notes placées à la fin du troisième volume; 7° enfin des jugements et critiques de la plupart des auteurs

qui ont parlé de Montaigne Cette dernière addition, qui est la plus importante, n'est pas de Coste, comme on le voit par l'avis des libraires; elle est probablement l'œuvre des éditeurs qui seront nommés plus loin. On a vu précédemment (1659) que cette idée était énoncée dans la lettre de Desmarest à Chapelain.

L'Avis des libraires dit, au sujet des épitaphes de Montaigne, qu'elles n'avaient pas encore été imprimées; c'est une erreur pour l'une d'elles, car nous avons vu que l'épitaphe latine se lisait à la fin de l'édition de *Paris*, 1617. Il dit encore que les sonnets de La Boëtie ne se trouvent que dans l'édition de L'Angelier, 1588, ce qui est inexact, car ils sont insérés dans les éditions qui avaient précédé celle-là.

Cette édition, comme on le voit, n'a pas été donnée par Coste qui, malgré cela, la comptait au nombre des siennes, et l'estimait plus que celle de 1724. M. Weiss l'attribue à Gueullette, et M. Barbier, au n° 5850 de son Dictionnaire, dit qu'elle a été dirigée par Gueullette et Jamet l'aîné. J'ai eu l'occasion d'examiner un exemplaire dont parle M. Barbier, et qui a appartenu à M. Jamet le jeune, et j'y ai trouvé la note suivante écrite de sa main; elle montre qu'il n'était pas aussi certain que M. Barbier de la coopération de son frère à la publication de cette édition : « Coste préférait cette édition à celle de *Londres*, quoiqu'il n'y ait pas présidé comme à l'autre; on nomme celle-ci le Montaigne des dames, *je crois* que Gueullette et mon frère prirent soin de cette édition. »

Une autre note de Jamet le jeune fait connaître qu'il avait le projet de publier une édition de Montaigne et une Vie nouvelle de cet écrivain, conjointement avec M. ***, d'après les notes qui lui avaient été fournies par Montesquieu fils et par l'abbé Bertin, conseiller au parlement de Bordeaux. En effet, l'exemplaire en question est chargé de notes critiques, historiques et littéraires, et on voit par le Discours dont M. de Querlon a fait précéder le Voyage de Montaigne, que Jamet le jeune possédait un grand nombre de renseignements qui le mettaient à même de tenir sa promesse.

Quelle que soit l'opinion de Coste sur cette seconde édition, elle est moins belle et généralement moins recherchée que la première, quoiqu'elle soit aussi bonne et plus complète.

Le supplément de 1740 se joint à cette édition comme à la précédente.

Bastien, qui n'est pas toujours indulgent pour ses prédécesseurs, dit que l'édition de Londres, 1724, et celle de Paris, 1725, outre les défauts de celle de 1659, qui n'ont fait qu'augmenter[1], sont de plus imparfaites par des membres de phrases oubliés ou supprimés, comme dans les chapitres 17 et 21 du second livre. Quoi qu'en dise cet éditeur,

---

[1] On se souvient qu'il dit y avoir trouvé plus de *six mille* fautes.

les admirateurs de Montaigne conserveront toujours une grande reconnaissance pour les travaux de Coste; ses éditions généralement bonnes, ses notes trop prolixes peut-être, mais exactes, ses traductions ont popularisé les Essais, et les ont rendus accessibles à une classe nombreuse de lecteurs ; et je me fais un devoir de rapporter une note de M. Brunet, qui apprécie avec justesse ce qu'on doit à cet estimable et laborieux commentateur : « Aux yeux de bien des gens Coste a
« le grand tort d'avoir rajeuni l'orthographe de Montaigne, quoique par
« ce moyen il ait facilité la lecture de son auteur ; il est certain aussi
« que ses éditions sont en général moins exactes que celles de 1595
« et 1635 ; cependant il y a donné avec beaucoup plus de soin que
« le précédent éditeur les noms des auteurs cités, avec une traduction
« plus fidèle de leurs passages. Les notes grammaticales et explicatives
« qu'il a placées au bas des pages ne sont pas toutes bonnes, mais il
« y en a beaucoup de curieuses, et l'on a peut-être eu tort de les écarter
« des éditions modernes. »

1727.

40. *Les mêmes.*—3ᵉ *édition de Coste, Genève* ou *La Haye*, *P. Gosse et J. Neaulme* 1727, in-12, 5 vol.; édition conforme à la précédente.— Titre rouge et noir, préface de mademoiselle de Gournay.—Jugements et critiques dont on a retranché les articles extraits de Nicolle, Scaliger, Ménage et quelques autres.—Les sonnets de La Boëtie sont aux pièces additionnelles. Coste dit de cette édition qu'elle a quelques avantages sur celle de Paris.

Fournier indique une édition de *Genève*, 1725, en 5 vol., format in-8°. Je crois qu'il y a erreur : Coste, en 1739, rappelle les éditions qu'il a données et n'indique pas celle-là. Ce serait donc une édition autre que les siennes.

1739.

41. *Les mêmes, par P. Coste;* 4ᵉ *édition* augmentée de la Vie de Montaigne et de nouvelles notes qui ne se trouvent point dans les 3 dernières éditions publiées en 1724, 25, 27. *Londres* (Trévoux), *J. Nourse*, 1739, in-12, 6 vol., portrait gravé d'après celui de 1724. Avis de Coste daté de 1738, indépendamment de la préface de 1724, insérée dans les 3 édit. précédentes. Le tome VI contient la Servitude volontaire, la préface de Mᵉˡˡᵉ de Gournay, sa dédicace à Richelieu, le sommaire de la Vie de Montaigne, ses lettres, les jugements et critiques, la table analytique. Pour la première fois on trouve la Vie de Montaigne, par le président Bouhier, et la Servitude volontaire. Ce sont ces additions

qu'on a imprimées l'année suivante et qui composent le supplément in-4°. Bonne et belle édition.

Dans l'avis particulier à cette édition, Coste rapporte le sonnet d'Expilly qu'il dit avoir trouvé dans l'édition de Paris 1602 et qui, comme je l'ai dit, avait été antérieurement inséré dans l'édition de *Lyon,* 1595; il ajoute à cette occasion : « l'auteur de ces vers est sans doute le même que Claude Expilly, dont on trouve un éloge historique très intéressant dans le dictionnaire de Moréri »; Coste aurait pu vérifier l'exactitude de cette supposition en compulsant *les poèmes de messire Claude Expilly*, conseiller du roi en son conseil d'état, président au parlement de Grenoble, *Grenoble, P. Verdier;* 1624, in-4° : le sonnet en question se trouve à la page 190.

1745.

42. *Les mêmes*, par P. Coste, 5ᵉ *édition*, corrigée et augmentée. *Londres, Nourse,* 1745, 7 vol. in-12.

Edition conforme à la précédente. L'avis de 1739 est ici modifié et daté du 19 mai 1745; il fait connaître les corrections que Coste a apportées dans cette édition. Coste dit : « celle-ci sera selon toutes les apparences la dernière que je publierai; je l'ai revue et corrigée avec tout le soin dont je suis capable. » Il pense qu'à l'aide de ces améliorations les Essais seront dorénavant aussi aisés à entendre que la Princesse de Clèves.

Cette édition est la meilleure de celles qui ont été publiées du vivant de Coste. (Il est mort en 1747.) C'est sur un exemplaire de cette édition que Naigeon avait écrit de sa main un grand nombre de notes marginales; et ce qui offre souvent un rapprochement curieux, c'est que son frère a également ajouté sur cet exemplaire des notes, qui le plus souvent sont en opposition avec celles de Naigeon. Cet exemplaire appartient aujourd'hui à M. Amaury-Duval.

C'est par erreur que M. Barbier, au n° 2083 de son Diction. des anon., dit que cette édition est en 5 vol.

1754.

43. *Les mêmes.*— *Londres* (Paris), *J. Nourse* et *Vaillant*, 1754; 10 vol. pᵗ in-12: réimpression de l'édition de 1745. Jolie édition dont il y a des exemplaires en papier de Hollande, qui, suivant Brunet, sont assez rares.

1769.

44. *Les mêmes. Londres* (Paris), *J. Nourse* et *Vaillant.* 1769, 10 vol. in-12, titre encadré. Edition assez jolie, mais peu correcte; en tout

semblable aux précédentes, sauf quelques retranchements dans les jugements et critiques.

1771.

45. *Les mêmes.*—Londres (Paris), *Nourse et Vaillant*, 1771, 10 vol. in-12. Portrait d'après celui de 1725, titre encadré; réimpres. des édit. précéd.

1779.

46. *Les mêmes.*—*Genève*, *Jean-Samuel Cailler*, 1779; 10 vol. in-12. Titre encadré, édition conforme à la précédente, et comme elle peu correcte; contenant de plus l'Eloge de Montaigne, par l'abbé Talbert, chanoine de Besançon. Ce discours a remporté le prix d'éloquence à l'Académie de Bordeaux en 1774, et donne à cette édition un avantage sur les précédentes.

1780.

47. *Les mêmes.* — *Genève, Duvillard fils et Nouffer*, 1780; 10 vol. p^t in-12. Edition d'après celles de Coste, et conforme à celle qui précède.

1781.

48. *Les mêmes.*—(Titre détaillé comme à l'édition de Hollande, 1659.) *Amsterdam* (Lyon), *aux dépens de la Compagnie*, 1781. p^t in-8°, 3 vol. Portrait avec le « que sais-je?» les Balances et les Armes.—Dédicace et préface de mademoiselle de Gournay.—Sommaire de la Vie de Montaigne. —Sommaires et traductions aux marges.—Table analytique.—La préface de Montaigne fautivement intitulée, comme celle de 1659. Bonne édition.

1783.

49. *Les mêmes.* — *Paris, Jean-François Bastien* 1783; 3 vol. avec portrait dessiné et gravé par Noël Primeau. Cette édition a été imprimée à 600 exemplaires in-8°, dont 50 sur papier de Hollande, et 100 exemplaires in-4° dont 25 papier de Hollande. L'article Montaigne du Dictionnaire de Feller, qui contient beaucoup d'erreurs sur cet auteur, dit, au sujet de cette édition, qu'elle est en 2 vol., et qu'elle a paru en 1782. Dans les exemplaires sur papier de Hollande chaque tome est divisé en 2 vol.; le second est précédé seulement d'un faux titre, et la pagination continue de l'un à l'autre, comme dans les exemplaires en 3 vol.

Cette édition, dédiée « Aux mânes de Michel de Montaigne, » contient le texte seul des Essais *purgé* de notes et de commentaires, comme dit l'éditeur, sans la traduction des citations. Les seules additions sont un Avis du libraire-éditeur, un précis de la vie de Montaigne et une table analytique. En marge existent des sommaires et l'indication des auteurs cités; au chapitre 28 du livre I, on trouve les sonnets de La Boëtie. La préface de Montaigne est intitulée : *Advertissement de l'auteur* inséré dans toutes les précédentes éditions, ce qui n'est pas exact (voy. 1595). Édition bonne et estimée à juste titre pour la correction du texte et l'exactitude de l'orthographe ancienne; elle est beaucoup plus correcte que plusieurs autres du même éditeur, et ce n'est pas sans fondement que Bastien dit dans son avis : « Je peux assurer que je donne le texte le plus pur et le plus correct qui ait paru jusqu'à présent [1]. »

1789.

50. *Les mêmes*, — avec les notes de M. Coste, suivis de son Eloge; *nouvelle édition*, à *Genève* et à *Paris*, chez *Voland*, M. DCC. LXXXIX.— M. DCC. XCIII. 10 vol. in-12.

Les quatre premiers volumes sont de 1789, le cinquième et le sixième volumes de 1790, le septième de 1791, et les trois derniers de 1793. Le premier volume est sur beau papier; aux volumes suivants la qualité décroît, et il est detestable dans les derniers.

Cette édition est généralement fort incorrecte, surtout aux derniers volumes. C'est une réimpression des éditions de Coste; elle contient de plus l'Éloge de Montaigne, par l'abbé Talbert; mais elle n'a pas de table analytique.

1793.

51. *Les mêmes.*—*Paris, J.-F. Bastien*, 1793, 3 vol. in-8°. Portrait. Réimpression de l'édition de 1783, du même éditeur; mais inférieure à celle-ci pour l'impression et le papier.

1796.

52. *Les mêmes*. — *Paris, Langlois et Gueffier*, 1796, in-8°, 4 vol. Portrait d'après celui de Fiquet.

Les exemplaires tirés sur papier de Hollande sont fort beaux; mais le papier ordinaire est extrêmement mauvais.

Cette édition est faite d'après celles de Bastien, auxquelles même

---

(1) Bastien a raison pour cette fois, mais il avait avancé la même chose en tête de son édition de Boileau (2 vol. in-8, 1805). Il dit à cette occasion « que pour la pureté et l'ordre du texte, on la distinguerait de toutes celles qui ont paru depuis la mort de Boileau. » Cependant, M. Berriat-Saint-Prix, dans ses Notices bibliographiques sur les œuvres de Boileau, numéro 202, dit « que c'est la plus détestable de toutes les éditions dont il ait eu connaissance, » et il en décrit trois cent cinquante-deux !

elle ressemble par le caractère; elle contient exactement les mêmes pièces.

Il y a des exemplaires en papier bleu.

1801.

53. *Les mêmes.* — *Édition nouvelle* où se trouvent les lettres et le Discours de La Boëtie sur la Servitude volontaire, ou le Contr'un, avec les notes de M. Coste. *Paris, Louis,* 1801. 16 vol. in-18. — Portrait d'après celui de Fiquet. Pour épigraphe : *Novit se ipsum.* Pas de jugements ni de critiques.

Cette édition est imprimée littéralement d'après celles de Coste. C'est la seule qui porte pour épigraphe : *Novit se ipsum*, ce qui a donné à M. le sénateur Vernier l'étrange idée de dire que cette épigraphe se trouvait à la première édition des Essais (1580), erreur citée sans être rectifiée dans la Biographie universelle.

1802.

54. *Les mêmes.* — Édition stéréotypée d'après le procédé de Firmin Didot.
Paris, Pierre Didot l'aîné et Firmin Didot, M. D. CCCII, 4 vol. in-8° et in-12, avec portrait. Même composition, il n'y a de différence que dans le format; il existe des exemplaires in-8° sur papier vélin.

Édition justement estimée pour la correction du texte et l'exactitude de la ponctuation, qui a été surveillée et revue par F. A. Didot l'aîné. Elle contient le texte et la préface de Montaigne, un avertissement de l'éditeur (Naigeon), une copie figurée d'un Avis à l'imprimeur, écrit de la main de Montaigne, sur un exemplaire de 1588 (Voir cette date), les lettres de Montaigne, et la Servitude volontaire de La Boëtie. Les sonnets de La Boëtie sont supprimés, et Naigeon dit : « qu'ils ne méritent pas d'être réimprimés, parce qu'ils ne méritent pas d'être lus. » On trouve au bas des pages la traduction des citations et l'indication des sources, les variantes du texte de cette édition avec celles de 1588 et 1595, des notes de Naigeon et un choix de celles de Coste. Il n'y a ni sommaires en marge, ni table analytique.[1]

Cette édition a eu quatre tirages plus récents, 1811, 1816, 1828, 1833 (voy. ces dates).

L'avis au lecteur n'occupe pas 12 pages, comme le dit M. Brunet,

---

(1) Fr. Ambr. Didot l'aîné avait fait pour cette édition un glossaire que Naigeon rejeta, prétendant que ceux qui en avaient besoin pour comprendre Montaigne, n'étaient pas dignes de le lire. M. Renouard fait la remarque qu'on n'a pas songé au moins à conserver, soit le manuscrit, soit les premières feuilles d'épreuve de cet utile travail.

mais seulement deux, puisque c'est la préface de Montaigne. L'avertissement de l'éditeur occupe 3 pages, et la copie figurée un nombre égal; mais on a fait commencer la pagination de ces pièces préliminaires au faux titre, et c'est de la sorte que toutes ensemble elles occupent 12 pages.

Dans un très petit nombre d'exemplaires on rencontre en outre des pièces indiquées précédemment, un avertissement de Naigeon sur le caractère et la religion de Montaigne, daté du 15 germinal an X. Cet avertissement est fort rare en papier vélin, mais il en existe plusieurs exemplaires sur papier ordinaire. (Ex. papier vélin avec l'avertissement vendu 121 fr. mar. tab. Naigeon, et 150 fr. Bozerian, 90 fr. br. F. Didot. Un exemplaire imprimé sur vélin annoncé comme unique, quoiqu'il en existe au moins deux autres, a été vendu 600 fr. F. Didot. *Brunet*.)

Ce fameux avertissement, fruit d'une imagination ardente et d'un esprit faux et que M. Amaury-Duval n'hésite pas à qualifier de honteux écrit, avait été annoncé dès 1793 dans une des notes que Naigeon ajouta à l'article Pyrrhonisme de Diderot, inséré au tome III de la philosophie ancienne et moderne de l'Encyclopédie. Il fut dès son apparition jugé si mauvais, et il était tellement inopportun à cette époque où paraissait le concordat, que l'auteur se trouva forcé de le supprimer. Il a été reproduit dans l'édition de Desoër, sauf quelques suppressions qui portent sur des déclamations philosophiques, ou sur des discussions relatives aux éditions principales des Essais.

Bibliographiquement parlant, ce commentaire a donné lieu à une singulière succession d'erreurs; ainsi M. Brunet, et d'après lui MM. Peignot et Johanneau, annoncèrent d'abord qu'il avait 73 pages. M. Labouderie releva cette inexactitude et dit que cet avertissement n'avait que 63 pages; dans sa dernière édition, M. Brunet adopta cette correction, qui est pourtant inexacte elle-même. En effet, la dernière page de cette pièce est il est vrai numérotée lxiij^e; mais la première porte le n° v, de sorte que réellement elle n'a que 59 pages. Ainsi, les pièces liminaires d'un exemplaire complet sont paginées comme il suit : Le faux titre j-ij, le titre iij-iv, l'avertissement de l'éditeur (celui qui se trouve dans tous les exemplaires), v-vij, l'avis à l'imprimeur viij-x, la préface de Montaigne xj-xij, puis vient l'avertissement supprimé dont la première page porte le n° v, et la dernière le n° lxiij.

Dans les ex. qui contiennent ce dernier avertissement, on a ajouté les pages 177-82 doubles. En voici la raison : dans toutes les éditions des Essais, au chapitre de l'Institution des enfants, Montaigne suppose le cas d'un disciple, «*qui aime mieux ouïr une fable qu'un sage propos, qui au son du tabourin qui arme la jeune ardeur de ses compaignons se destourne à une aultre qui l'appelle au jeu des basteleurs, etc. et il n'y treuve aultre remède sinon qu'on le mette pastissier dans quelque bonne ville, feust-il fils d'un duc, etc.* » La copie de Bordeaux porte : « *Sinon que de bonne heure son gouverneur l'estrangle s'il est sans témoins, ou qu'on le mette pastissier, etc.* » A cette occasion Naigeon avait primitivement ajouté une longue note dans laquelle on rencontre cette phrase : « Ce conseil, il faut l'avouer, a quelque chose de sévère et même de dur, « comme tous les actes de rigueur commandés dans des temps difficiles « par la loi impérieuse des circonstances et la raison d'état ; mais on « sent d'autant plus la sagesse et la nécessité de cette mesure, qu'on a « soi-même plus réfléchi, mieux observé, et qu'on est plus avancé dans « la connaissance de l'homme physique et moral. » Et plus loin il dit « qu'il pense que ce passage existait dans la copie qu'a suivie made« moiselle de Gournay ; mais qu'elle l'aura supprimé et que trop atten« tive aux opinions, aux préjugés, à la voix de son siècle, oubliant la pos« térité, elle n'a pas osé insérer un conseil aussi ferme, mais très éloigné « des idées *reçues alors*, et qui ne plaira pas davantage aujourd'hui à ces « esprits vulgaires, si communs dans tous les temps. »

Cette note dut partager le sort de l'avertissement, et Naigeon se décida à la remplacer par une autre de la même étendue, dans laquelle il défend son opinion dans des termes plus mesurés. On a laissé les deux leçons dans les exemplaires complets, et c'est comme cela que les pages 177 à 182 doivent être doubles.

Je suis entré dans ces détails à cause de la rareté des exemplaires en question, et parce qu'il m'a paru curieux de connaître l'opinion au moins très naïve de Naigeon sur ce moyen énergique d'améliorer l'espèce humaine.

Voir sur cet avertissement : les *Annales littéraires et morales*, in-8°, 5e cahier, an XI. *Palissot, Mém. de littérature* 1809. *Gab. Peignot, Répertoire des bibliographies spéciales*, 1810. *Labouderie, Christianisme de Montaigne. Amaury-Duval*, dans l'édition de *Chasseriau*, 1820.

Cette édition de 1802 est la copie exacte de l'exemplaire de la bibliothèque de Bordeaux, dont il a été parlé à 1588, et qui diffère en beaucoup d'endroits du texte publié primitivement par mademoiselle de Gournay qu'on avait toujours suivi jusque-là. Naigeon fait honneur à François de Neufchâteau d'avoir découvert cet exemplaire que, suivant lui, la bibliothèque des Feuillants de Bordeaux possédait sans le savoir, et il rapporte cette circonstance à une époque antérieure de quelques années à la révolution. Je ne sais à qui appartient la priorité de la découverte ; mais il n'était pas possible qu'on ignorât complétement l'existence de cette copie des ESSAIS, seulement on n'était pas fixé sur son plus ou moins d'importance, puisque d'après M. Bernadau, le *nouveau dictionnaire historique* l'annonçait comme un supplément manuscrit et que M. Bernadau lui-même, en faisant connaître par la voie des journaux ce précieux autographe, le considérait comme celui qui avait servi à mademoiselle de Gournay.

A l'apparition de cette édition, une controverse fort animée s'éleva entre les hommes de lettres pour savoir quelle devait être la leçon préférée. Naigeon se fondant sur un avis à l'imprimeur, écrit de la main de Montaigne au verso du frontispice gravé de l'exemplaire en question, soutenait que c'était bien là celui qui devait servir de copie à la nouvelle édition que l'auteur projetait, et cette opinion est partagée sans restriction par M. Amaury Duval. Le seul moyen de décider la question, est de comparer les textes, et d'opposer l'une à l'autre, comme l'ont fait MM. Droz, Leclerc et Johanneau, les phrases qui offrent des différences. Or, il résulte manifestement de cette comparaison qu'à part un petit nombre d'exceptions, une diction plus animée, des expressions plus énergiques, des tours de phrase plus hardis se rencontrent dans l'exemplaire de 1595; et j'ajouterai que le choix de mademoiselle de Gournay doit être ici pris en considération. On sait qu'elle était allée en Guienne après la mort de Montaigne, et qu'elle s'était chargée de publier les ESSAIS *enrichis des traits de sa dernière main*; peut-être avait-elle reçu quelques instructions de la famille sur la copie qu'elle devait préférer; mais dans tous les cas elle eut connaissance des deux exemplaires, puisqu'elle appelle en témoignage du soin qu'elle a apporté à l'édition de 1595 *une autre copie qui reste en sa maison*. La vénération qu'elle portait à la mémoire de Montaigne et l'admiration qu'elle professait pour les ESSAIS, ne permettent pas de supposer qu'elle ait négligé de comparer les deux copies avant de choisir l'une d'elles; et sa préférence, justifiée suivant moi, est une forte présomption en faveur de la version qu'elle a suivie.

Quoi qu'il en soit, l'édition de Naigeon offre un grand intérêt pour les lecteurs de Montaigne, et c'est avec raison que M. J.-V. Leclerc dit à son sujet : « L'exemplaire de Bordeaux n'est pas moins précieux « pour la critique; il nous transmet fidèlement, dans les parties ma« nuscrites, l'orthographe de l'auteur, que mademoiselle de Gournay « avait trop peu respectée, et quelques heureuses corrections, quelques « courtes phrases qui n'avaient pas été transportées sur l'autre exem« plaire. Profitons de ces avantages, mais ne défigurons pas l'ouvrage « de Montaigne, pour le plaisir de suivre mot à mot une copie qu'il « avait lui-même évidemment abandonnée. »

C'est ici le lieu de faire remarquer qu'à la manière dont l'indication de l'édition de 1588 est donnée par Naigeon en tête de l'avis à l'imprimeur, on pourrait croire qu'elle était la sixième, tandis qu'elle est marquée *cinquième*, et que c'est Montaigne qui avait ajouté le premier de ces chiffres, eu égard à l'édition qu'il projetait.

— Le catalogue de la bibliothèque de M. S. Bérard porte au numéro 160 un exemplaire de *Montaigne. Paris, Lefèvre*, 1808, petit in-8. 5 vol. Il y a probablement erreur, et c'est 1818 qui est la date véritable, car je ne connais pas d'édition des Essais publiée par M. Lefevre avant 1818.

1811.

55. *Les mêmes.* — *Paris, P. Didot*, 4 vol. in-12.
Nouveau tirage de l'édition de 1802.

1816.

56. *Les mêmes.* — *Paris, Didot et Tournachon*, 4 vol. in-12.
Nouveau tirage de l'édition de 1802.

1818.

57. *Les mêmes.* — nouvelle édition imprimée par Crapelet. *Paris, Lefèvre*, 1818, in-8°. 5 vol. Portrait gravé par Al. Tardieu, d'après Cocaskis. On a tiré cent exemplaires sur grand papier. Cette édition a été publiée par M. Eloi Johanneau; elle contient, outre les Essais, un avertissement de l'éditeur, un précis de la vie de Montaigne, la dédicace et la préface de mademoiselle de Gournay, les sonnets de La Boëtie, neuf lettres de Montaigne, une notice sur son voyage en Italie par M. Aimé Martin; un extrait de la traduction faite par Montaigne de la théologie naturelle de Raymond Sebond, par M. Aimé Martin; la Servitude volontaire de La Boëtie, et une table des matières. Il y a des sommaires aux marges.

La préface de Montaigne présente dans son titre l'inexactitude signalée à 1659.

Belle et bonne édition, qui était certainement à l'époque à laquelle elle parut la plus complète et la plus exacte qu'on eût donné jusqu'alors, et qui est restée une des meilleures.

L'éditeur a ajouté un grand nombre de notes, soit pour indiquer des variantes, soit pour restituer le texte, soit pour expliquer les passages obscurs; il y a joint un choix des notes de Coste.

A cette occasion, je relèverai une erreur échappée à M. Johanneau, dans une note qu'il a ajoutée à la lettre de Montaigne, sur la mort de La Boëtie.

Notre auteur écrit que, trouvant son ami malade, « il approuva le projet qu'il avait formé de partir pour le Médoc, mais qu'il fut d'avis qu'il n'allât pour ce soir que jusqu'à Germigna, qui n'est qu'à deux lieues de la ville. » Une note dit : *Germignac, non loin de Pons, département de la Charente-Inférieure.* La lecture de la lettre démontre qu'il y a nécessairement erreur dans cette indication, et la distance eût été grande pour un malade qui quittait Bordeaux dans l'après-midi, car il n'y a pas moins de vingt-cinq lieues de cette ville à Germignac. D'ailleurs La Boëtie allait en Médoc et non en Saintonge. C'est *Germinian* qu'il faut lire; ce petit village, dont ne parlent pas les dictionnaires géographiques, existe à deux lieues de Bordeaux, entre le Taillant et Saint-Aubin, sur le chemin de Castelnau, et se trouve indiqué sur la carte de Guienne par Belleyme.

58. *Les mêmes.—Paris, Lefèvre,* 1818, in-18, 6 volumes. Au titre est un portrait en médaillon, signé C. Hulot.

Réimpression de l'édition in-8°, sauf l'avertissement de M. Johanneau, l'extrait du Voyage et celui de la Théologie Naturelle; on y trouve les neuf lettres de Montaigne. Même observation pour le titre de la préface qu'à l'in-8°.

59. *Les mêmes*, — (édition publiée par M. de l'Aulnaye et imprimée par Fain). *Paris, Th. Desoër*, 1818, grand in-8°. Un seul volume à deux colonnes. Portrait gravé par Leroux, d'après celui de Fiquet.

Cette édition n'a été tirée qu'à 500 exemplaires; elle contient, outre les Essais, un avertissement de l'éditeur, l'éloge de Montaigne par M. Jay, des réflexions sur le caractère et sur la religion de Montaigne (extrait de l'avertissement de Naigeon,) la préface de mademoiselle de Gournay, neuf lettres de Montaigne, la Servitude volontaire, un glossaire et une table analytique. Les sonnets de La Boëtie ne s'y trouvent pas. Traduction et indication d'auteurs. Notes non signées, choisies parmi celles de Coste et de Naigeon.

On n'a pas inséré les notes de l'éloge de Montaigne par M. Jay, et par conséquent l'avis de Catherine de Médicis. La dédicace de mademoiselle de Gournay à Richelieu ne se trouve pas non plus à cette édition.

Cette édition est la première, depuis le milieu du XVIIe siècle, qui ait été publiée en un seul volume; elle est commode sous ce rapport; elle est d'ailleurs très bien imprimée.

60. *Les mêmes.* — *Paris, Desoër,* 1818, in-18, 4 vol. Même portrait que la précédente édition; jolie édition, en tout semblable à l'in-8°.

1819.

61. *Les mêmes.* — *Paris et Liége, Desoër,* sans date (1819), in-36, 9 vol. Cette édition est conforme aux deux précédentes; elle fait partie de la *Bibliothèque portative du Voyageur.*

1820.

62. *Les mêmes,*— publiés d'après l'édition la plus authentique par Amaury-Duval, membre de l'Institut. ***Paris, Chasseriau,*** 1820 à 1823, in-8°, 6 vol. Portrait par Audouin.

Cette édition fait partie d'une collection des moralistes français que devait publier le même éditeur, et dont il n'a paru que le Montaigne et le Charron.

Vie de Montaigne. Jugements et critiques de quelques auteurs connus ; extrait de l'Éloge de Montaigne, par Villemain ; Notice sur les principales éditions des Essais ; dix Lettres de Montaigne (l'éditeur a ajouté une dixième lettre aux neuf données par Coste) ; extrait de la Théologie naturelle ; la Servitude volontaire ; extrait du journal du Voyage ; Avis de Catherine de Médicis à Charles IX (c'est la seule édition, jusqu'à ce jour, qui contienne cette pièce). Table des matières rédigées par M. A. D. Lourmond. Les sonnets de La Boëtie ont été supprimés ; dans cette édition, on a suivi celle de Naigeon, que l'éditeur a préférée pour les raisons énoncées précédemment. En tête des chapitres on trouve des sommaires qui indiquent les matières principales qui y sont traitées. Cette addition facilite la lecture des Essais, et montre que le désordre qui existe dans cet ouvrage n'est pas aussi grand réellement qu'on serait tenté de le croire au premier coup d'œil [1]. Les notes ne sont pas signées ; elles sont extraites de celles de Coste, de Naigeon, de Johanneau ; M. Amaury-Duval en a joint de nouvelles qui lui sont propres, pour éclaircir les phrases obscures, donner quelques détails historiques, ou indiquer des emprunts faits par des auteurs modernes ; il en a de plus ajouté un certain nombre, choisies parmi celles très nombreuses que Naigeon avait écrites en marge d'un exemplaire qu'il possède aujourd'hui dans sa bibliothèque.

Cette édition a reparu en 1827 avec de nouveaux titres.

Je ferai quelques observations au sujet de la Xe Lettre, qui pour la première fois se trouve jointe aux Essais, et dont le *fac-simile* existe à la fin de la Notice sur Montaigne, insérée dans la *Galerie française* (Paris, 1821-23 in-4°, 3 vol.). Je remarque d'abord qu'une note annonce que dans cette copie on a exactement suivi l'orthographe de l'original, *qui se voit à la Bibliothèque du roi.* Cette assertion est inexacte : l'erreur a tenu à ce que la lettre a été copiée, non sur l'original ni même sur le *fac-simile*, mais sur une copie qu'on trouve dans les notes de la *Galerie française*, et dans laquelle l'orthographe

---

(1) Je crois très bonne l'idée de ces sommaires ; on verra, à la fin de cette Notice, que je suis d'avis de leur donner plus d'extension.

et les abréviations de la lettre de Montaigne n'ont point été conservées, afin d'en faciliter la lecture. Ainsi Montaigne a écrit *justemant*, *seulemant*, *honorablemant*, *innocammant*, par un *a* à la dernière syllabe, et on a partout mis un *e*; il fait beaucoup d'abréviations, par exemple, dans les mots que je viens de citer, il écrit *mat* pour *mant*, il écrit *logue* pour *longue*, *mosieur* pour *monsieur*, et la copie n'en a suivi aucune ; on verra plus loin que cette observation n'est pas sans importance. Quant à l'existence de l'original de cette lettre au dépôt des manuscrits de la Bibliothèque, j'aurais pu douter de sa réalité, car malgré ma persévérance et les recherches faites avec une extrême complaisance par M. Paris, cette lettre n'a point été retrouvée, et les catalogues n'en font aucune mention ; mais M. Gouget, qui s'est occupé avec tant de zèle et de succès de la recherche et de l'imitation des autographes, et qui est auteur des *fac-simile* de la *Galerie française*, m'a affirmé avoir *vu*, *touché et calqué lui-même* la lettre originale qui fait partie d'un volume relié intitulé *Lettres françaises de divers grands hommes*. Elle lui fut indiquée par M. Méon et l'abbé Lépine, qui lui parurent l'avoir nouvellement examinée. Je suis donc convaincu de l'existence de cette pièce sans l'avoir vue, et l'examen du *fac-simile* ne me laisse aucun doute sur son authenticité, d'après la connaissance de l'écriture de Montaigne, que m'a donnée l'étude du manuscrit de Bordeaux [1].

(1) Une circonstance remarquable c'est que cette Lettre est signée MOTAIGNE (*sic*), et toutes les signatures que j'ai vues de l'auteur des *Essais* sont écrites ainsi ; l'N de la première syllabe étant supprimée et remplacée par un trait qui de l'O se porte au sommet du T. C'est ainsi qu'est signé le titre de l'*Histoire de Poloigne*, par Herburt de Fulstin (Paris, 1573, in-4°), que possède M. Aimé-Martin, et l'*achevé de lire* que Montaigne ajoutait quelquefois à ses livres (*voyez* le chap. x du liv. II), et qui se rencontre à celui-ci, présente encore ce nom (pour celui de son château), écrit de la même manière. On trouve cette même signature (sans N à la première syllabe) sur le titre du précieux exemplaire des *C. Julii Cæsaris Commentarii* (Antuerpiæ, 1570, in-8°, avec nombreuses notes marginales et une page entière écrites de la main de Montaigne), que possède M. Parison, de même que sur le *Cento giochi liberali e d'ingegno da innocentio Ringhieri* (Bologna, 1561, in-4°), qu'on voit aussi dans la bibliothèque de ce savant. C'est encore cette même signature qu'on lit sur le *Theod. Bezæ poemata* (Paris, H. Étienne, 1569, in-8°), qui fait partie de la riche collection de M. Renouard, et ce savant bibliographe m'a dit qu'il croyait se rappeler que la signature de Montaigne était ainsi figurée sur deux ouvrages italiens dont l'un n'est plus en sa possession, et dont l'autre, qu'il a cité dans le *Catalogue de la bibliothèque d'un amateur*, n'est pas en ce moment dans sa bibliothèque de Paris (*il catechismo di Bern. Ochino da Siena, in Basilea*, 1561, in-8°). Enfin, M. Guilbert de Pixéricourt poss de une signature de Montaigne, qui présente encore cette abréviation.

D'après ces exemples, je crois être en droit de conclure que l'auteur des *Essais* signait toujours MOTAIGNE ; et cette opinion me paraît d'autant plus probable, que nous avons vu que la suppression de l'N lui était très familière, et que toutes les

1822.

63. *Les mêmes* — mis en *français moderne*, auxquels on a ajouté le Discours sur l'Esclavage (la Servitude) volontaire, par Étienne de La Boëtie, publiés par A. Galland. *Bruxelles*, *Voglet*, 5 vol. in-8°, avec portrait.

Je n'ai pu me procurer cet ouvrage à Paris ; j'ignore en conséquence complétement ce qu'il est.

Ce n'est pas le premier projet qui ait été formé de traduire Montaigne en français moderne ; mais c'est la première fois qu'il ait été

fois que cette lettre était suivie d'un T, il la supprimait et la remplaçait par un trait ; peut-être agissait-il ainsi pour se distinguer des familles du même nom qui habitaient la Guyenne, et qu'on voit citées dans du Verdier et dom de Vienne ; du moins j'ai rencontré un certain nombre de signatures de ces personnages, la Bibliothèque royale en possède du président de Montaigne, tout récemment j'ai examiné chez MM. Debure une Bible qui porte cette signature, et qui n'est pas celle de Michel, et dans toutes la première syllabe est écrite sans abréviation.

C'est ici le lieu de rappeler la lettre datée d'Orléans, 1588, qui parut à la vente que fit, en 1834, le libraire Caillot des livres de madame de Castellane (sous l'anonyme de M***), et qui fut achetée 700 francs par M. G. de P., et puis rendue comme apocryphe à son premier propriétaire. Cette pièce portait pour signature *Motaigne*, ce qui confirme encore l'idée que je viens d'émettre, quelle que soit d'ailleurs l'opinion qu'on ait adoptée sur son authenticité, qu'on aurait pu attaquer par des raisons plus puissantes que celles qu'on a tirées de l'emploi du mot *passeport*, qui s'y rencontre, et qu'on a dit être inconnu du temps de Montaigne, puisque M. Fontaine a cité une lettre du cardinal de Lorraine, antérieure à celle-ci de 29 ans, et dans laquelle cette expression est employée, et qu'elle l'est également dans l'ordonnance de Louis XI sur les postes (1464). Je dois ajouter, au sujet de cette lettre, que M. Parison, qui l'a examinée, est d'avis que c'est une copie figurée (non calquée) d'une lettre authentique qui existe ou a dû exister. *Sub judice lis est.* (Les personnes qui seraient curieuses de connaître les détails des discussions qu'a soulevées cette dernière Lettre, pourront consulter les feuilletons du *Journal de la Librairie* (mai 1834, numéros 19 et 22), le *Journal des Débats* de cette époque? le *Manuel de l'Amateur d'Autographes*, par M. Fontaine (Paris, 1836, in-8°), et la brochure du même bibliographe, sur l'utilité des collections autographiques (Paris, 1834, in-8o).

Je terminerai cette digression par une remarque qui n'est pas sans intérêt : après l'*achevé de lire*, de la main de Montaigne, à la fin de l'*Histoire de Pologne* précitée, lequel est daté de 1586, on voit placé entre parenthèses un chiffre 52, que M. Aimé-Martin a très ingénieusement expliqué en le rapportant à l'âge qu'avait alors Montaigne. En effet, notre auteur, né le dernier février 1533, n'avait point encore complété sa cinquante-troisième année, bien qu'il en fût très près ; il a donc dû se donner cinquante-deux ans. Cette explication, qui paraissait très probable, est mise hors de toute contestation par l'examen que j'ai fait des *Commentaires de César*, cités précédemment, puisque l'*achevé de lire* daté de juillet 1578, est suivi du chiffre 45, qui indique précisément l'âge de Montaigne à cette époque. Ainsi ce philosophe ne se contentait pas d'inscrire à la fin de quelques ouvrages *le jugement qu'il en avait retiré en gros*, comme il le dit lui-même, il voulait encore se rappeler l'âge auquel il avait porté ce jugement.

suivi d'une exécution complète. Dès 1733, un anonyme inséra dans le *Mercure de France* (juin, pag. 1279-1307) le projet d'une nouvelle édition des ESSAIS DE MONTAIGNE, faite dans ce sens. Plus tard, le chevalier de Plassac-Méré sollicitait M. Mitton « d'ôter au style des ESSAIS DE MONTAIGNE les défauts de son temps, qui suivant lui ne sont plus supportables dans celui-ci. » Il dit qu'Aristote prit ce soin des Œuvres d'Homère, et que lui-même a essayé ce qu'il conseille, et que la traduction du chapitre *De la Vanité des paroles* ne lui a pas coûté davantage qu'à le copier [1]. Bastide, qui admettait la nécessité de cette version, a employé une grande partie de sa vie à traduire les ESSAIS, et à composer des *Observations grammaticales et critiques sur Montaigne ou à son occasion*. Ces travaux ont été le sujet de communications fréquentes faites par lui à l'Académie de Berlin. On trouve une partie de ses Observations grammaticales dans les Mémoires de cette société. Plusieurs lectures du Montaigne moderne y sont mentionnées, mais on n'en rencontre pas même un échantillon; le peu qu'on trouve des travaux de Bastide sur Montaigne dans les Mémoires de Berlin, rappelle souvent la trop longue plaisanterie du docteur Mathanasius, et n'est pas de nature à faire regretter beaucoup l'ensemble de ce travail, qui est parmi les manuscrits de la Bibliothèque du roi [2]. M. Champollion, qui en a eu connaissance, m'a dit qu'il n'offrait aucun intérêt, et M. Labouderie en a parlé dans le même sens [3].

La manière dont ont été exécutées jusqu'ici les diverses tentatives de version des ESSAIS, ne donnera pas gain de cause à ceux qui soutiennent le principe de ces traductions dont la nécessité est au moins

(1) Les éditeurs de 1725 rapportent dans les jugements et critiques l'extrait d'une lettre de M. de Plassac MÉRÉ à M. de Mitton et ils l'indiquent comme étant la 90e. J'ignore où ils ont trouvé cette lettre, mais je ne l'ai pas rencontrée dans les 2 éditions que j'ai compulsées des lettres de M. le chevalier de Méré, l'une de 1682, l'autre de 1689 (il en existe une 3e que je n'ai pas eu occasion d'examiner), « cet auteur connu d'abord sous le nom de Plassac fut ensuite désigné sous celui de chevalier de Méré. Il appartenait du côté maternel à la maison de Bourbon-Condé; il était estimé de La Rochefoucauld, Ménage lui dédia ses Observations sur la langue française, le père Bouhours fait son éloge, Pascal le consultait, et Balzac avait de l'estime pour lui. Il était de son temps l'arbitre du bon air; il donna des leçons de bel-esprit à madame de Maintenon, et on raconte que madame de Lesdiguières lui ayant dit un jour : « Je voudrais avoir de l'esprit;» il lui répondit : « Laissez-moi faire, madame, et vous en aurez. » (Note manuscrite attribuée au marquis de Paulmy.) Voyez Dreux du Radier, Bibl. historique et critique du Poitou, et les Eloges de quelques auteurs français, par Michault Joly et Bouhier, Dijon 1742, in-8°.

(2) *Voy.*, sur Bastide, une note à la liste des auteurs sur Montaigne.

(3) Ces manuscrits de Bastide sont seulement en dépôt à la Bibliothèque du roi, et à ce titre ils ne peuvent être communiqués. L'auteur les avait légués à cet établissement à la condition qu'on les ferait imprimer. Leur étendue et le peu d'intérêt qu'ils offrent ont déterminé à refuser ce legs.

douteuse, suivant moi. Bastide prétendait qu'il fallait mettre les Essais à la portée de ceux *qui ont le temps de les lire, mais à qui le loisir manque pour les étudier*. Mais dans ce système il n'y a pas de raison de s'arrêter; on commencera, comme le veut M. de Plassac, par ôter seulement à Montaigne les défauts de son temps, en lui laissant ceux qui lui sont propres, et de proche en proche on arrivera à exécuter ce que voulait déjà l'anonyme de 1733, qui soutenait que *les Essais ne sont presque plus un livre français*, et que ce vieux langage est *bas et grossier*. « Aussi dit-il, en donnant le programme de sa traduction, « qu'elle sera extrêmement libre; qu'il retranchera ce qui lui paraît « contraire aux mœurs, et ce qui lui paraîtra peu capable de plaire; quel- « quefois il prendra le fonds de la pensée, et il lui donnera un tour « différent de celui dont l'auteur s'est servi ; il abrégera les histoires, « et il les racontera à sa manière; au lieu de suivre l'auteur dans son « désordre, il essaiera de le corriger jusqu'à un certain point, de mettre « un peu plus de suite dans ses idées, et de les arranger d'une manière, « sinon plus naturelle, du moins plus raisonnable; enfin, il poussera « la liberté jusqu'à ajouter, lorsqu'il croira pouvoir le faire agréable- « ment et utilement pour le lecteur. » On pourrait penser qu'il y a exagération, si ce qui précède n'était une citation textuelle de l'auteur; et en preuve il donne la traduction faite à sa manière, des chapitres 1, 2 et 4 du livre I, et dans ce dernier il remplace une phrase de Montaigne par six vers de Fontenelle !... Je le demande : où en seraient les Essais de Montaigne après une telle mutilation? La comparaison avec le vaisseau des Argonautes ne serait-elle pas au-dessous de la réalité? L'autorité de M. de Plassac n'est pas plus grande en cette occasion que celle de l'anonyme; et malgré le mérite réel que lui accordent ses contemporains, on peut sans injustice mettre en doute son bon goût en cette circonstance, si on se souvient que le chevalier « trouvait un esprit mal fait dans Caton, et un esprit étroit dans Scipion; qu'il faisait peu de cas des auteurs anciens, et surtout de Virgile, dont il disait que *l'Énéide* était *ennuyeuse à périr*, qu'il trouvait des choses de *mauvais air* dans Démosthène et dans Cicéron, et qu'Homère le rebutait souvent, etc. »

Sorel, dans la Bibliothèque française, dit, au sujet même de ces essais de traduction : « Puisqu'on n'y saurait rien changer sans les « rendre tout autre que ce qu'ils sont, il faut les laisser dans un état « qui leur a déjà acquis tant de réputation; » et on peut appliquer à Montaigne ce que disait Racine dans la préface de *Mithridate :* « Je rapporte « les paroles de Plutarque telles qu'Amyot les a traduites, car elles ont « une grâce, dans le vieux style de ce traducteur, que je ne crois point « pouvoir égaler dans notre langue moderne. »

On peut croire que Montaigne n'aurait pas approuvé l'excès de zèle de ses traducteurs, lui qui ordonne aux imprimeurs de suivre toujours l'ancienne orthographe (chap. 10 du liv. III).

Je crois ne pouvoir mieux terminer cette digression qu'en citant un passage dans lequel Naigeon me paraît avoir traité cette question avec infiniment de justesse et de goût, en reproduisant exactement des idées énoncées par Sorel : « Je ne vois qu'un seul moyen de rendre ce livre
« intelligible pour la plupart des lecteurs ; c'est d'y joindre partout
« un commentaire presque aussi long que le texte, ou plutôt de le tra-
« duire dans la langue élégante, harmonieuse et claire que Voltaire, Buf-
« fon, Diderot, d'Alembert et Rousseau ont parlée et écrite. On réussira
« sans doute à faire des ESSAIS un livre agréable, peut-être même d'une
« utilité plus générale ; mais je ne crains pas d'assurer que cette es-
« pèce de traduction, en la supposant même très exacte, ce qui ne
« serait pas sans quelques difficultés, ferait très souvent perdre au
« style de Montaigne une grande partie de sa précision, de son énergie,
« de sa hardiesse, de ce naturel aisé qui en fait un des principaux
« charmes, et donnerait à son livre, qu'on ne refera pas plus que celui
« de Rabelais, un caractère très divers, moins original et beaucoup
« moins piquant. Le projet de récrire dans notre langue les ESSAIS DE
« MONTAIGNE peut passer comme tant d'autres idées par la tête d'un
« ignorant ou d'un sot, mais il n'entrera jamais dans celle d'un lecteur
« judicieux, instruit et d'un goût délicat et sûr. »

On devra consulter, comme exemple de ce qu'on pourrait se permettre à l'égard du langage des ESSAIS, les citations qu'en fait M. Labouderie dans l'ouvrage qu'il a publié sur le Christianisme de Montaigne. Ce savant, à l'aide de quelques changements presque insensibles, et souvent par la seule addition d'un mot entre parenthèse, a rendu parfaitement intelligibles les passages des ESSAIS qu'il a cités. C'est ici le lieu de rappeler que, relativement à l'orthographe de Montaigne, M. Labouderie est d'avis que les variations qu'elle présente dans le même mot employé plusieurs fois et dans les diverses éditions autorisent à ne pas la conserver, et il dit que les raisons alléguées contre cette opinion par les derniers éditeurs n'ont pas changé sa conviction. C'est le système suivi aussi par M. Buchon dans ses éditions de Froissart.

1823.

64. *Les mêmes*, — avec les notes de tous les commentateurs. *Paris, Lefèvre* (imprimé par Crapelet), 1823, in-8° ; 5 vol. ; portrait d'après celui de 1818.

Cette édition est une réimpression de celle de 1818, à laquelle elle est en tout conforme, si ce n'est que le titre n'annonce pas d'éditeur spécial, quoi qu'en dise M. Brunet, et qu'on n'y trouve pas l'avertissement que M. Johanneau avait inséré dans l'édition précitée.

Je ferai, à l'occasion de cette édition, une remarque qui sera applicable aux suivantes : c'est qu'on aurait dû, dans toutes les éditions modernes, dire avec *des* notes de tous les commentateurs, et non avec *les* notes, puisqu'il n'y a qu'un choix de chacune, et qu'aucune édition ne donne toutes les notes de tous les commentateurs.

1825.

65. *Les mêmes*, — avec les notes de tous les commentateurs et précédés de l'Eloge de Montaigne, par M. Villemain; *Paris, Froment,* 1825, in-18, 8 vol. ; portrait d'après celui de Fiquet.

Court avertissement (non signé) de l'éditeur. — Notes de Coste, de Naigeon, d'Amaury-Duval, d'Éloi Johanneau, de Lefèvre. — Éloge par Villemain. Précis de la vie de Montaigne.—Préface de Gournay.— 9 lettres. — Servitude volontaire. — Table analytique. Edition d'après celle de M. Lefèvre.

1826.

66. *Les mêmes*, — avec les notes de tous les commentateurs, édition publiée par J.-V. Leclerc. *Paris, Lefèvre,* 1826, in-8°, 5 vol. (imprimé par Jules Didot aîné); portrait dessiné et gravé par Dupont.

Belle et bonne édition, faisant partie des *classiques français* publiés par le même libraire. Aux notes de Naigeon, de Coste, d'Amaury-Duval, d'Éloi Johanneau, l'éditeur en a joint qui lui sont propres, et d'autres extraites du commentaire de l'avocat général Servan sur les deux premiers livres des Essais.

Avertissement de l'éditeur. Discours sur la vie et les ouvrages de Montaigne. Notes et preuves. Epoques de la vie de Montaigne. Famille de Montaigne. Théologie naturelle. La Boëtie. Montaigne à la cour. Château de Montaigne. Voyages de Montaigne. Mademoiselle de Gournay. Mort et tombeau de Montaigne. Détracteurs de Montaigne, admirateurs et imitateurs de Montaigne (ces pièces préliminaires occupent 146 pages). 10 lettres. Extrait de la Théologie naturelle de Raymond Sebond, Notice sur le voyage de Montaigne. Servitude volontaire. Table analytique. Sonnets de La Boëtie. La préface de mademoiselle de Gournay ne fait pas partie de cette édition. Il n'y a pas de sommaires aux marges. Le discours sur la vie de Montaigne est à très peu de chose près celui que M. Leclerc fit imprimer en 1812 sous le titre d'*Eloge de messire Michel, seigneur de Montaigne.* Les notes qui suivent ce discours contiennent des renseignements utiles aux personnes qui veulent lire avec fruit les Essais.

1827.

67. Les mêmes. — *Paris, Rapilly,* 1827, in-8°.
Nouveaux titres ajoutés à l'édition de Chasseriau, 1820.

68. *Les mêmes,*—avec les notes de Coste, Naigeon, Amaury-Duval, Eloi Johanneau et autres commentateurs. ***Paris, Menard* et *Desenne*,** 1827, 10 vol. in-12 et in-18, avec portrait.

Cette édition fait partie de la Bibliothèque française publiée par les mêmes libraires.

Précis de sa vie.—Dédicace à Richelieu.—Grande préface de Gournay. — Sommaires en tête des chapitres. — 9 lettres.—Servitude volontaire. — Pas de table analytique.

1828.

69. Les mêmes. — *Paris, H. Bossange,* in-8°, 1828, 4 vol.; nouveau tirage de 1802.

70. Les mêmes, — édition selon l'orthographe de l'auteur, avec les sommaires analytiques et les notes de tous les commentateurs; précédés de la préface de mademoiselle de Gournay et d'un précis de la vie de Montaigne. *Paris, Tardieu Denesle,* 1828, in-8°, 6 vol.

Les sommaires sont ceux de M. Amaury-Duval. La préface de mademoiselle de Gournay est précédée de sa dédicace à Richelieu. Les sonnets se trouvent dans cette édition. Notes de différents commentateurs sans signatures.

Table analytique à longues lignes.

1830.

71. Les mêmes, — (édition compacte), collationnée sur les meilleurs textes. *Paris, Furne, L. Debure,* 1830, un vol. grand in-8°, imprimé à deux colonnes. Des exemplaires de cette même édition portent la date de 1831.

Éloge par Villemain. Notes non signées. 9 lettres. Servitude volontaire. Table analytique. Notes différentes de celle de l'édition de Desoer, quoique Quérard dise que c'est une réimpression de cette édition.

1833.

72. Les mêmes. *Paris, Lebigre et Firmin Didot,* in-8°, 4 vol., portrait.
Nouveau tirage de l'édition de 1802.

1834.

73. Les mêmes, avec les notes de tous les commentateurs. ***Paris, Lefèvre,*** 1834, 1 vol. grand in-8°, imprimé à deux colonnes, orné d'un portrait d'après celui de l'édition de Leclerc. Les sonnets existent. Édition faite sur celle donnée par M. Leclerc en 1826, et dans laquelle on n'a pas reproduit les pièces préliminaires. Quoique compacte, ce volume est imprimé en gros caractère et est très lisible.

Notes de Coste, Amaury-Duval, Naigeon, Eloi Johanneau, J.-V. Leclerc.

1836.

74. *Les mêmes*, avec les notes de tous les commentateurs. *Paris, Lefèvre*, 1836, in-8º, 2 vol., imprimés à longues lignes, avec portrait d'après celui de 1826.

Le texte des Essais avec les notes, les lettres, la Servitude volontaire, et une table analytique.

75. *Les mêmes* (faisant partie du Panthéon littéraire). Dédicace et notice sur Montaigne par M. Buchon. Notice bibliographique sur Montaigne, par le docteur Payen. — Préface de Mademoiselle de Gournay. — Choix des notes de tous les commentateurs.—Voyage de Montaigne. —10 lettres de Montaigne.—Avis de Catherine de Médicis à Charles IX. —Servitude volontaire.—Index.—Table des auteurs cités.—Table des matières.

Me sera-t-il permis, en terminant cette notice, de tracer la marche que je voudrais qu'on suivît pour une édition *spéciale* des Essais? François de Neufchâteau, dans son Essai sur les meilleurs ouvrages écrits en prose dans la langue française (Paris, in 8º, 1816), a indiqué ce qui, suivant lui, restait à faire pour donner une édition de Montaigne qui fût capable de satisfaire les hommes de goût [1]. Je hasarderai d'ajouter à ces conseils, et je soumettrai humblement mes idées aux savants annotateurs des éditions modernes.

1º Je pense qu'il faut des notes aux Essais, mais je crois qu'elles doivent seulement être destinées à faciliter l'intelligence du texte, et non point à combattre ou développer les opinions de l'auteur. On devrait donc faire dans ce sens un choix des notes de Coste et de celles de MM. Johanneau, Amaury-Duval, Leclerc, etc. (celle de Servan seraient éliminées). Mais je voudrais surtout des notes *pour commenter Montaigne par lui-même;* lui, *si divers, si ondoyant,* « tantôt sage, tantôt libertin, tantôt vrai, tantôt menteur, chaste, impudique, puis libéral, prodigue et avare, et tout cela selon qu'il se vire. » Ainsi,

---

[1] Il se borne à recommander l'indication des variantes de 1588, 1595 et 1802; un Glossaire, un extrait du Voyage, un extrait de la Théologie naturelle, ce qui a été fait dans les éditions suivantes.

soit que Montaigne exprime la même opinion en termes différents, ou qu'il exprime une opinion opposée à celle qu'il a énoncée ailleurs, ce qu'il fait souvent en employant les mêmes termes [1], je voudrais qu'une citation ou un renvoi mît le lecteur à même de comparer l'auteur de la veille et celui du lendemain [2]; et les essais que j'ai faits de ce genre de notes m'ont convaincu de l'utilité et de l'intérêt qu'elles offriraient.

2° Montaigne déclare qu'il a dissimulé les emprunts qu'il a faits aux auteurs anciens, afin que les critiques donnassent sur son nez des nazardes à Plutarque; il faudrait citer ces passages, et ils sont nombreux. (Une grande partie de ce qu'il dit au sujet de la mort, Auguste et Cinna, etc., sont littéralement traduits de Sénèque, etc.)[3].

3° Un grand nombre d'auteurs modernes se sont emparé des idées de Montaigne, et souvent sans lui en faire honneur. Parmi ces derniers il faut surtout compter Pascal et J.-J. Rousseau. Il serait très intéressant de rapprocher ces passages les uns des autres, et les éditeurs modernes n'ont fait qu'un très petit nombre de ces rapprochements [4].

4° Comparer très exactement les éditions primitives des Essais 1580, 1582, 1587, 1588, 1595, 1635 et 1802; indiquer les additions, les suppressions, les corrections, et rapprocher ces variantes des changements survenus dans la position de Montaigne par son voyage, les événements politiques, sa nomination à la mairie, etc.

5° Remplacer les sommaires de l'édition de M. Amaury-Duval par une analyse assez développée de chaque chapitre. Je suis convaincu que rien ne faciliterait plus la lecture des Essais que celle de cet extrait, faite avant le chapitre qui y correspond; et j'en trouve une preuve dans l'utilité des sommaires précités et de ceux de la traduction de Plutarque par Amyot, quoiqu'à mon avis ils n'aient pas assez d'extension. L'ouvrage de M. Vernier ne me paraît pas avoir atteint ce but.

6° Afin de rendre plus aisée la collation des différentes éditions, on pourrait réunir, à la suite les unes des autres, et dans l'ordre dans lequel elles se présentent ou par ordre alphabétique, toutes les citations qui se rencontrent dans les Essais, en ne rapportant que les deux ou trois premiers mots, et les faisant suivre de l'indication de la page; je puis assurer que cette espèce de table serait très utile, car le meilleur moyen

---

(1) Le *but* de notre carrière, c'est la mort, c'est l'objet nécessaire de notre visée. (Liv. 1, ch. 19). Mais il m'est avis que c'est bien le *bout*, non pourtant le *but* de la vie. (Liv. III, chap. 12).

(2) Montaigne disait de lui-même : « Moi à cette heure et moi tantôt, sommes bien deux. »

(3) « J'aimerai quelqu'un qui me sache déplumer » (liv. 2, chap. 10).

(4) Un critique ignorant qui se croit bien habile,
Donnera sur ma joue un soufflet à Virgile.
(And. Chénier).

de trouver une phrase dans un chapitre est de se servir de la citation qui la précède et de celle qui la suit.

7° Bien que je sois d'avis que le livre des Essais n'est pas de ceux que des extraits puissent faire connaître, et que je me souvienne que Montaigne a dit : « Tout abrégé d'un bon livre est un sot livre » ; je pense qu'il y aurait utilité à résumer en quelque sorte l'ouvrage, en rassemblant un certain nombre des pensées les plus remarquables ; de celles qui dans un petit nombre de mots expriment un précepte de morale ou de haute philosophie, ainsi « Toute autre science est dommageable à celui qui n'a la science de la bonté. Les boiteux sont mal propres aux exercices du corps, et aux exercices de l'esprit les âmes boiteuses. Il fallait s'enquérir qui est mieux sçavant, non qui est plus sçavant. Ce qui est hors des gonds de la coutume, on le croit hors des gonds de la raison. » Et tant d'autres! M. Labouderie a donné un certain nombre de pensées détachées à la suite du Christianisme de Montaigne.

8° Une table des matières devrait presque exclusivement se borner aux noms propres d'hommes, de pays, d'animaux, de rivières, etc., et à ce qui regarde l'auteur lui-même, sa personne, son caractère, sa famille.

9° Il serait tout à la fois très intéressant et très instructif de rencontrer à la suite des Essais un extrait fait avec discernement des principaux jugements portés sur cet ouvrage.

10° Enfin un glossaire où chaque définition serait appuyée d'un exemple tiré de Montaigne, ce qui est d'autant plus nécessaire pour cet auteur, qu'il n'est pas rare qu'il emploie des expressions usitées de son temps, en les détournant de leur acception consacrée, et que souvent il crée le mot, ou plutôt il a recours aux locutions de sa province lorsque la langue lui semble ne pas suffire. *Que le gascon y arrive si le français n'y peult aller* (liv. 1, chap. 25).

Ce petit travail a trop peu d'importance pour me fournir l'occasion de remercier toutes les personnes qui ont bien voulu s'y intéresser, je ne puis pourtant me dispenser de reconnaître ce que je dois à l'obligeance extrême avec laquelle MM. Amaury-Duval, Weiss, Beuchot, Jouannet, m'ont donné les renseignements que j'ai réclamés auprès d'eux ; et je me fais un plaisir de déclarer que c'est principalement à la complaisance de M. *Richard*, de la Bibliothèque du roi, que je dois d'avoir pu compléter cette notice dont les matériaux étaient rassemblés depuis longtemps.

NOTICE BIBLIOGRAPHIQUE

LISTE CHRONOLOGIQUE
DES ÉDITIONS DES ESSAIS.

N°	Année	Ville	Éditeur	Format
1.	1580	Bordeaux.	Millanges.	in-8°, 2 vol.
2.	1582	Bordeaux.	Millanges.	8, 1
3.	1587	Paris.	Richer.	12, 1
4.	1588	Paris.	L'Angelier.	4, 1
5.	1593	Lyon.	Lagrange.	8. 1
6.	1595	Paris.	L'Angelier. Sonnius.	fol. 1
7.	1595	Lyon.	Lefebure.	12, 1
8.	1598	Paris.	L'Angelier.	8, 1
9.	1600	Paris.	Id.	8, 1
10.	1602	Paris.	Id.	8, 1
11.	1602	Leyde.	Doreau.	8, 1
12.	1602	Leyde.	Id.	8, 1
13.	1604	Paris.	L'Angelier.	8, 1
14.	1608	Paris.	Sevestre. Petitpas.	8, 1
15.	1609	Leyde.	Doreau.	8, 1
16.	1611	Paris.	Gueffier. Sevestre. Petitpas.	8, 1
17.	1614	Paris.	Gueffier. Petitpas. Sevestre. Nivelle. Rigaud.	4, 1
18.	1616	Cologne.	Albert.	8, 1
19.	1617	Paris.	Gueffier. Petitpas. Sevestre. Nivelle. Rigaud.	4, 1
20.	1616	Rouen.	Osmont. Mann. de Préaulx.	8, 1
21.	1619	Rouen.	Daré.	8, 1
22.	1619	»	Jean Durand.	8, 1
23.	1625	Paris.	Dallin. Hulpeau. Gilles. Collet. Bertauld.	4, 1
24.	1627	Rouen.	Valentin. Calloué.	8, 1
25.	1635	Paris.	Delahaye. Camusat. Dubray. Rocolet.	fol. . 1
26.	1636	Paris.	Lafosse. Lamy. Loyson.	8, 1
27.	1640	Paris.	Blageart. Blageart. Courbe.	fol. 1
28.	1641	Rouen.	Berthemin. Besongue.	8, 1
29.	1649	Paris.	Blageart.	8, 1
30.	»	Envers.	Maire.	8, 1

SUITE DE LA LISTE CHRONOLOGIQUE

DES ÉDITIONS DES ESSAIS.

N°	Année	Lieu	Éditeur	Format
N° 31.	1649	ex. incomplet.		in-8, 1 vol.
32.	1652	Paris.	Courbé. Lepetit.	fol. 1
33.	1657	Paris.	Loyson. Langlois. Lamy. Rocolet. Dupuy. Huré.	fol. 1
34.	1659	Paris.	Journel.	12, 3
35.	1659	Bruxelles. Amsterdam.	Foppens. Michiels.	12, 3
36.	1669	Paris.	Rondet.	12, 3
37.	1669	Lyon.	Olyer. Besson.	12, 3
38.	1724	Londres.	Tonson.	4, 3
39.	1725	Paris.	la Société.	4, 3
40.	1727	Genève. La Haye.	Gosse.	12, 5
41.	1739	Londres.	Nourse.	12, 6
42.	1745	Id.	Id.	12, 7
43.	1754	Id.	Id.	12, 10
44.	1769	Id.	Id.	12, 10
45.	1771	Id.	Id.	12, 10
46.	1779	Genève.	Cailler.	12, 10
47.	1780	Id.	Duvillard.	12, 10
48.	1781	Amsterdam.	la Compagnie.	8, 3
49.	1783	Paris.	Bastien.	8, 3
50.	1789	Id.	Voland.	12, 10
51.	1793	Id.	Bastien.	8, 3
52.	1796	Id.	Gueffier.	8, 4
53.	1801	Id.	Louis.	18, 16
54.	1802	Id.	Didot.	8, 12, 4
55.	1811	Id.	Id.	12, 4
56.	1816	Id.	Id.	12, 4
57.	1818	Id.	Lefèvre.	8, 5
58.	1818	Id.	Id.	18, 6
59.	1818	Id.	Desoer.	8, 1
60.	1818	Id.	Id.	18, 4
61.	1819	Paris. Liége.	Desoer.	36, 9
62.	1820	Paris.	Chasseriau.	8, 6
63.	1822	Bruxelles.	Voglet.	8, 5
64.	1823	Paris.	Lefèvre.	8, 5
65.	1825	Id.	Froment.	18, 8
66.	1826	Id.	Lefèvre.	8, 5
67.	1827	Id.	Rapilly.	8, 6
68.	1827	Id.	Menard.	12, 10
69.	1828	Id.	Bossange.	8, 4
70.	1828	Id.	Tardieu D.	8, 6
71.	1830	Id.	Furne.	8, 1
72.	1833	Id.	Lebigre.	8, 4
73.	1834	Id.	Lefèvre.	8, 1
74.	1836	Id.	Lefèvre.	8, 2
75.	1836	Id.	Desrez.	8, 1

§ II. EXTRAITS DES ESSAIS DE MONTAIGNE.

1. En tête des extraits, on doit placer l'édition des Essais, donnée à *Genève* par *Goulart*. En effet, on lit dans le *Scaligerana secunda*, à l'article Goulart : « il a fait châtrer les œuvres de Montaigne : *Quæ audacia in scripta aliena;* » et à l'article Montaigne, Scaliger dit, faisant allusion à Goulart : « Ceux de Genève ont été bien impudents d'en ôter plus d'un tiers. »

2. Réponse à plusieurs injures et railleries écrites contre Michel, seigneur de Montaigne, dans un livre intitulé la Logique, ou l'Art de penser, avec un beau traité de l'éducation des enfants et cinq cents excellents passages, tirés du livre des Essais, pour montrer le mérite de cet auteur (par Guillaume *Béranger*, anonyme), *Rouen, Laurens Maurry*, 1667, in-12.

3. Cet ouvrage a reparu l'année suivante avec le nom de l'auteur au privilége où il est qualifié de Bourgeois de Paris. *Paris, J. Thoury, P. Débats et Augustin Besongue*, 1668, in-12.

Cet ouvrage n'est à proprement parler qu'un extrait des Essais. L'auteur, voulant défendre Montaigne contre les écrivains de Port-Royal, crut ne pouvoir mieux le faire qu'en leur opposant Montaigne même ; il rectifie les *citations inexactes* faites dans la *logique*, en citant le texte des Essais, il rapporte quelques jugements favorables ; il donne une partie du chapitre de l'institution des enfants et termine par 502 pensées extraites des Essais.

Ce volume est aujourd'hui extrêmement rare; on ne le trouve pas à la Bibliothèque du roi ; il existe à celle de Sainte-Geneviève et à celle de Bordeaux.

4. *L'Esprit des Essais de Michel*, seigneur de Montaigne. *Paris, Charles de Sercy*, 1677, in-12.

Frontispice gravé avec portrait, et le Que Sais-je? titre imprimé.

Les pensées sont extraites chapitre par chapitre, et l'auteur s'est principalement attaché à rassembler les traits d'histoire ; il n'y a qu'un petit nombre de chapitres qui n'ont pas fourni d'extraits. L'ouvrage est précédé d'une préface de l'éditeur, dans laquelle il annonce qu'il a respecté le style et les termes de l'auteur d'une manière si exacte qu'il n'en a changé que ce qui est tout-à-fait inconnu à notre âge.

5. *Pensées de Montaigne*, propres à former l'esprit et les mœurs (recueillies par Artaud). Paris, Anisson, 1700, 1 vol. in-12.

6. *Les mêmes*, seconde édition considérablement augmentée, *Amsterdam. Henri Desbordes et Étienne Roger*, 1701, pet. in-12. Frontispice gravé avec portrait, puis titre imprimé.

7. — *Les mêmes. Amsterdam,* 1703, *Henri Desbordes* au Kalvestraat, in-12.

8. — *Les mêmes. Paris,* nouvelle édition, imprimerie bibliographique, an XIII (1805), in-12.

Ces pensées sont extraites comme dans l'ouvrage précédent, chapitre par chapitre, elles sont précédées d'un avertissement qui commence ainsi : « Il est peu de si mauvais livres, qu'il ne s'y trouve quelque chose de bon, et peu de si bons qu'il ne s'y trouve quelque chose de mauvais, » et dans lequel l'éditeur déclare : « Qu'il s'est contenté de retrancher ou de changer les mots hors d'usage, et que l'on n'a touché au tour de l'auteur que dans les endroits où cela était indispensable. »

9. *L'Esprit de Montaigne,* ou les Maximes, pensées, jugements et réflexions de cet auteur, rédigés par ordre de matières, (par Pesselier). Berlin (Paris), Étienne de Bourdeaux, 1753, in-12, 2 vol.

10. — *Le même,* nouvelle édition. *Berlin* et *Paris. Rozet,* 1767, in-12, 2 vol.

Même édition que le numéro précédent; il n'y a que les titres de changés.

11. — *Le même.* — *Londres,* 1783, in-18, 2 vol., portrait.

Conformément au titre, ces extraits sont rangés par ordre de matières, et rassemblés en 32 chapitres intitulés diversement, suivant la nature des pensées qui les composent, comme religion, amitié, éducation, voyages, etc. Le 1er de ces chapitres comprend les pensées de Montaigne sur son livre. En tête de l'ouvrage on trouve la préface de Montaigne, puis une préface de l'éditeur; enfin un éloge historique de Montaigne.

12. — L'Ami des Jeunes Gens, ou Guide pour les conduire dans la société, leur inspirer l'amour des vertus, les éloigner du vice, etc.; ouvrage dans lequel on a extrait des morceaux de Plutarque, Cicéron, Pline, Quintilien, Montesquieu, *Montaigne,* Fénélon, Buffon, Raynal, etc. *Paris, Deterville* (sans date), 2 vol., pet. in-12, fig. (par Retz, anonyme). Cet ouvrage est le même que celui qui avait paru antérieurement, en 1790, sous le titre de Guide des Jeunes Gens de l'un et de l'autre sexe, à leur entrée dans le monde, il n'y a que les titres de changés.

13. — Le Portrait du Sage, extrait de Confucius, Platon, Zénon, Cicéron, Sénèque, Epictète, Marc-Aurèle, Plutarque, *Montaigne,* Bacon, Charron, Fénélon, La Bruyère, Sterne, J.-J. Rousseau, Weiss, etc.; éditeur, Gabriel Peignot, Paris, 1809, in-12 de 48 pages, grand papier velin fort, tiré à 75 exemplaires tous numérotés, et deux sur papier rose.

C'est un recueil des passages les plus frappants des moralistes, pour engager l'homme à suivre le sentier de la vertu, et pour le convaincre qu'elle est la source du vrai bonheur.

(Note extraite du catalogue des ouvrages tirés à petit nombre, insérée dans le Répertoire des bibliographies spéciales, curieuses et instructives, par Gabriel Peignot, Paris, Renouard, 1810, in-8°).

14. — *L'Esprit de Montaigne*, avec une préface et des notes, par M. Laurentie, *Paris, Méquignon-Havart et Bricon*, 1829, in-18, 1 vol., qui fait partie de la Bibliothéque choisie, publiée sous la direction de M. Laurentie.

Ce volume est extrait non des ESSAIS, mais de l'ouvrage de Pesselier; les pensées y sont rangées dans le même ordre et rassemblées en chapitres qui portent les mêmes titres. Seulement l'éditeur a fait de nombreux retranchements pour atteindre le but qu'il se proposait et qu'il fait connaître en ces termes dans sa notice sur l'esprit de Montaigne : « Nous avons gardé dans ce recueil ce qui a dû être inspiré seulement par le christianisme; le grec du portique a disparu. Ce livre contient, non pas Montaigne échappé des écoles d'Athènes, mais Montaigne français et chrétien. »

§ III. VOYAGES DE MONTAIGNE.

1. *Journal du Voyage* de MICHEL MONTAIGNE en Italie par la Suisse et l'Allemagne, en 1580 et 1581, avec des notes par M. de Querlon, à *Rome* et *Paris, Lejay*, 1774, in-4°, beau portrait gravé par Saint-Aubin. Magnifique volume dédié à Buffon. Les notes sont rédigées d'après les renseignements et les matériaux que Jamet jeune avait fournis à de Querlon.

2 et 3. *Le même*. — Mêmes villes, même date; 2 vol. in-12, ou 3 vol. petit in-12. Pas de portrait de Montaigne.

A la fin du siècle dernier, M. Prunis visitant le château de Montaigne trouva dans un grenier le manuscrit de cet ouvrage, petit volume in-folio de 178 pages; le tiers à peu près est écrit de la main d'un domestique qui servait de secretaire à Montaigne ; le reste est de la main de Montaigne lui-même, et la moitié environ de cette partie est en italien ; il manque au commencement plusieurs feuillets. M. Prunis fit de la partie italienne une traduction, qui, ainsi que le texte, fut soumise aux corrections d'un antiquaire italien, M. Bartoldi, et M. de Querlon, à la disposition duquel Jamet le jeune avait mis de nombreux matériaux qu'il possédait sur Montaigne, se chargea de cette publication et de la rédaction des notes indispensables en plusieurs points à l'intelligence du texte. J'ignore ce qu'est devenu ce manuscrit, il n'est pas à la Bibliothèque du roi.

§ IV. PORTRAITS DE MONTAIGNE.

On connaît plusieurs PORTRAITS réputés ORIGINAUX de Montaigne.

1. *Fiquet* a gravé un portrait très remarquable, peint en 1578 par Dumoustier.

2. Le Montaigne gravé par Chéreau en 1725 a été fait d'après un portrait qui appartenait alors à M. Beroyer, avocat au Parlement.

3. Celui publié par Delpech est copié sur un portrait qui était depuis longtemps aux Archives et qu'on vient d'enlever tout récemment.

1. Le plus ancien des PORTRAITS GRAVÉS à ma connaissance est celui déjà remarquable placé en tête des éditions de 1611 et 1617, et signé de *Thomas de Leu;* il a de là ressemblance avec celui de Dumoustier.

Ce portrait se retrouve à plusieurs des éditions suivantes, mais quelques-unes n'ont que des copies mal exécutées et non signées.

2. Le père Lelong (Bibliothèque historique) indique vers cette époque un portrait par *Jaspard Isaac*.

3. Le même. Par Desrochers in-4°.

4. L'édition de 1635 présente au milieu du frontispice gravé in-folio, un portrait non signé. Il reparaît aux éditions de 1652 et 1657. Armes inexactes; il y a des exemplaires où les armes n'existent pas.

Il existe une réduction de ce portrait, format in-12, sans signature, qui paraît être du même temps. On serait tenté de considérer le portrait de 1635 comme authentique quand on se souvient que cette édition a été donnée par mademoiselle de Gournay; mais on ne doit pas attacher une grande importance à cette circonstance, puisque au bas de ce frontispice sont des armes données pour celles de Montaigne et qui n'y ressemblent en aucune façon.

5. L'édition de 1640 a un frontispice imprimé, au milieu duquel est un portrait gravé, sans signature.

6. On trouve un portrait au milieu du frontispice gravé in-12 et signé *N. de Larmessin*, à l'édition de Paris 1659.

7. De même à l'édition de Hollande 1659, avec la signature *P. Clouwet.*

8. De même, à l'édition de Paris 1669, avec la signature de *Matheus.*

9. Portrait de petite dimension dans l'ouvrage de *Freher*, 1688. (V. à la liste des auteurs.)

10, 11, 12. A l'édition des Essais de 1641, à celle de l'Esprit de Montaigne 1677, et à celle des Pensées 1701 on trouve en tête du titre gravé, un portrait de très petite dimension. Celui de 1641 est signé F. *Honeruogt.*

13. Le *même*, dessiné par *Genest*, gravé par *Chéreau*, in-4°, 1723 (d'après celui de 1635), dans l'édition de Londres 1724. Armes inexactes.

14. *Le même*, gravé par *Chéreau*, in-4°, 1725 (d'après le portrait annoncé comme original et communiqué par M. Berroyer). Armes exactes, à l'édition de Paris, 1725.

15, 16, 17. On a fait trois réductions de ce portrait; l'une in-8° pour l'édition d'Amsterdam, 1781, l'autre in-12 pour une édition de Londres, 1771, une autre in-18 pour l'édition des Pensées, Londres, 1783.

18. *Même*, dessiné par *Jorat* et gravé par *François*, dans la manière du crayon rouge, in-4° dans l'ouvrage de *Saverien*. (Voyez la note des auteurs.)

19. *Même*, J. Blanchon, inv. sculps., réduction in-8° du précédent, en noir avec les initiales de François.

20. *Même*, au trait, dans l'ouvrage de Lavater, tome 3. La Haye, 1786, in-fol.

21. *Même*, gravé par Fiquet, in-8°, d'après un portrait peint par Dumoustier en 1578. Ce portrait est un des plus beaux de ceux qui ont été publiés.

22. *Même*, d'après celui-là, non signé, avec encadrement différent; une foudre au-dessus du médaillon, une lampe au-dessous, même dimension, à l'édition de 1796.

23. *Même*, gravé à l'eau-forte, par *A. de Saint-Aubin*, terminé au burin par *Romanet*, in-4°, très beau. Édition in-4° du Voyage.

24. *Même*, gravé par *Voyer* jeune, in-4° (d'après le précédent).

25. *Même*, signé *F. N. et Martinet*, in-8°, d'après celui qui précède.

26. *Même* dessiné et gravé par *Noël Primeau* (d'après les précédents), in-8°, aux éditions de Bastien.

27. *Même*, gravé par *Lebeau*, in-4° (Esnauts et Rapilly.)

28. *Même*, *Marillier* del. *Ponce* sculp., dans l'ouvrage intitulé les *Illustres Français*.

29. *Même*, dessiné et gravé par *F. Bonneville*, in-8° (d'après celui de Saint-Aubin).

30. *Même*, gravé par *P. M. Alix*, d'après Dumoustier et imprimé en couleur par Béchet, in-fol. ovale, chez Drouhin.

31. *Même*, dessiné par *Cocaskis*, gravé par *Alex. Tardieu*, in-8°, à l'édition de Lefèvre, 1818.

32. *Même*, gravé par *Leroux* d'après Dumoustier, in-8°, à l'édition de Desoer.

33. *Même*, gravé par *P. Audoin*, in-8°, à l'édition de Chasseriau.

34. *Même*, dessiné au trait par *Meysens* (Landon dir.), in-8° (Biogr. Univ. et galerie hist. de Landon).

35. *Même*, dessiné et gravé par *Dupont* sur fond noir, encadrement ovale, à une édition de Lefèvre, in-8°.

36. *Même*, exactement semblable au précédent quant au portrait,

mais non encadré, gravé par *Pollet*, à une édition de Lefèvre, in-8°.

37. *Même*, dessiné par *Devéria*, gravé par Fauchery, in-12.

38. *Même*, gravé sur acier par Lefèvre, in-4°, chez Blaisot.

39. *Même*, *Aug. Saint-Aubin*, profil dans un médaillon, in-8°, à l'édition de Naigeon.

40. *Même*, *C. Hulot*, profil dans un médaillon, au titre imprimé de l'édition, in-18, de Lefèvre.

41. *Même*, en tête de la Notice sur Montaigne dans l'Iconographie instructive.

Il existe plusieurs autres portraits de divers formats sans signatures.

Le PORTRAIT EN PIED de Montaigne se voit :

42. Dans la gravure de M. *Forster*, d'après le tableau de Gros représentant Charles-Quint visitant les tombeaux de Saint-Denis, in-fol.

43. Dans la gravure de *Baquoy*, d'après Ducis, du Montaigne visitant le Tasse, in-fol.

44. *Même*, *Leroux* sculp., *Devéria* del., in-8°, 1822.

45. *Même*, gravé par *Leroy* d'après Dupont, grand in-8°, 1835, dans la Collection du *Plutarque français*.

46. PORTRAIT LITHOGRAPHIÉ, *Bouillon* del. d'après le buste du Musée des monuments français. In 4°, dans la Galerie Française.

47. *Même*, in-4°, *Gautheret et Weber*.

48. *Même*, in-fol. *P. Indré*.

49. *Même*, in-fol., *Maurin* (d'après celui du Musée des monuments français) chez Delpech.

50. *Même*, réduit du précédent, in-8°.

Cette liste serait moins étendue si M. Debure aîné n'avait eu l'extrême obligeance de me permettre de parcourir la riche collection de portraits qu'il possède.

§ V. CHATEAU DE MONTAIGNE.

Ce château dépend de la commune de Saint-Michel de Montaigne, à 200 ou 300 pas de laquelle il est situé ; il est à deux lieues de Castillon, à deux lieues de la Dordogne et de la route de Libourne à Bergerac ; il est solidement bâti et il serait susceptible de durer longtemps encore, s'il était entretenu ; mais quoique habité, l'état d'abandon dans lequel on voit aujourd'hui le château et surtout la tour de Montaigne doit faire regarder comme peu éloigné le moment où cette intéressante habitation ne comptera plus qu'au nombre des ruines.

Le savant et respectable M. *Jouannet* a inséré dans le *musée d'Aquitaine, Bordeaux*, 1823, in-8°, page 143, une description du château de Montaigne, accompagnée de deux lithographies fort exactes, dont l'une représente le manoir principal et l'autre la tour dite de Montaigne.

En 1783, l'Académie de peinture de Bordeaux a fait dessiner le château de Montaigne. *Thienon*, dans ses Vues du département de la Gironde (Saint-Michel-Montaigne est du département de la Dordogne), a donné une vue assez exacte du château, et il l'a accompagnée d'une courte description, rédigée par M. P. (anonyme).

Dans les *Vues de la France* par *Osterwald*, on trouve aussi un article sur le château de Montaigne, mais la gravure qui l'accompagne est complétement inexacte.

M. *Bernadau*, dans ses *Antiquités Bordelaises, Bordeaux, Moreau*, 1797, in-8° (page 243), a consacré à la maison natale de Montaigne un article dans lequel il prétend établir qu'elle n'était pas située en Périgord. Voyez encore dans les œuvres de M. Jouy une lettre de M. Mersan, tome 26.

De *Querlon*, dans une note du discours préliminaire du Voyage, dit aussi quelques mots de cette habitation.

On peut consulter, sur le mausolée de Montaigne et sur l'église du collége où il est placé, les *Antiquités Bordelaises* de M. *Bernadau* cité ci-dessus, page 362, et les *Annales politiques*, littéraires et statistiques de *Bordeaux*, du même auteur, *Bordeaux, Moreau*, 1803, in-4°.

§ VI. NOTICE SUR LES ÉCRITS RELATIFS A MONTAIGNE

ET INDICATION DES JUGEMENTS

PRINCIPAUX PORTÉS SUR SA PERSONNE ET SON OUVRAGE.

1. *Scævolæ Sammarthani elogiorum* (lib. II).

2. *Thuani, historiarum* (lib. CIV, ad ann. 1592. Edit. Roverianæ, 1630, in-folio, t. 5, pag. 264).

Idem *De Vitâ suâ* (lib. III, pag. 52).

3. *Pasquier* (lettre I, liv. XVIII, à M. Pelgé, maître des comptes).

4. *Justi Lipsii epist.* (cent. 1 miscell. epist. 43. cent. 2, epist. 41, 55, 56, 92. — Cent. 1, ad Belgas epist. 15. Cent. 2 ad Belgas epist. 21).

5. *Mademoiselle de Gournay, préface des Essais* de l'édition in-fol., *Paris* 1595, reproduite avec retranchements à la suite du Proumenoir de M. de Montaigne. *Paris,* in-12, L'Angelier, 1599. Augmentée et placée ensuite à la tête des Essais de Paris, 1617, in-4°; puis à l'édit. de Paris, 1625, in-4°; enfin, avec de nouvelles modifications à l'édition de Paris, 1635, in-folio.

6. *Balzac, Dissertation* (19 et 20).

7. *Plassac Méré* à M. Mitton; il conseille de traduire Montaigne en français moderne, et il a essayé de mettre ce projet à exécution. (Voyez à l'édition de 1822.)

8. *Rolandi Maresii epist.* (lib. I, epist. 22, Joanni Capellano).

9. *Dominici Baudii iambicorum* (lib. II et in notis).

10. *Jonathan de Saint-Sernin.* Essais et observations sur les essais du seigneur de Montaigne. *Londres, Edward Allde*, 1626, in-12.

11. *Éloges des Hommes Illustres*, qui depuis un siècle ont fleuri en France dans la profession des lettres, composés par Scevole de Sainte-Marthe, et mis en français par G. Colletet. *Paris, Courbé*, 1644 (Liv. II. pag. 147).

12. *Gui Patin*, lettre du 12 septembre 1645. (Lettres Choisies. *Paris*, in-12, n° 6.)

13. *Chanet.* Traité de l'esprit de l'homme et de ses fonctions.—*Paris, Camusat et Petit*, 1649. in-8° (Liv. II. chap. 10, liv. III, chap. 3).

14. *Préface* de la galerie des peintures. — *Paris, Sercy*, 1663.

15. *Sorel.* Bibliothèque française. —*Paris*, 1667, in-12 (page 80).

16. *De Silhon.* De l'immortalité de l'âme. — *Paris*, 1634, in-4° (Liv. I, disc. 2, liv. II, disc. 6).

17. *Daudiguier.* Traité du vrai et ancien usage des duels (page 88).

18. *Examen* de la manière d'enseigner le latin aux enfants par le seul usage.— *Paris*, 1668 (page 72).

19. *De Villiers.* Réflexions sur les défauts d'autrui (Chap. de la nature et du vray, t. II).

20. *Béranger.* Réponse aux injures écrites contre Michel, seigneur de Montaigne, etc. (Voyez aux extraits des Essais, n° 2.) — *Paris*, 1667 et 1668, in-12.

L'auteur rapporte quelques jugements sur les Essais, entre autres, celui d'un illustre prélat et celui de M. L. D.

21. *Journal* des Savants, Août 1677.

22. *Préface* de l'esprit des Essais de Montaigne.—*Paris, de Sercy*, 1677, in-12. (Voir aux extraits.)

23. *D. Freheri*, med. norib. *Theatri virorum eruditione clarorum. Noribergæ*, 1688, in-fol. (Tome III, parag. 4, page 1486); article extrait de Scevole Sainte-Marthe, avec portrait.

24. *Blaise Pascal.* Ses œuvres, La Haye, 1779, in-8°, 5 vol. (*Pensées*, première partie, article 8, n°s 10 et 14, art. 9, n°s 36 et 43, art. 10, n° 7, art. 11 tout entier, intitulé : d'*Epictète et de Montagne*, deuxième partie, art. 17, n° 34.—La comparaison d'Epictète et de Montaigne a été insérée dans l'édition de 1739, puis dans le supplément in-4° des éditions de 1724 et de 1725.)

25. *Mallebranche.* Recherche de la vérité....... (Liv. II, part. 3, chap. 3, et les éclaircissements et chap. 5.)

26. *Nicole.* Essais de morale (Tome 6. Pensées sur divers sujets de morale, art. 29 : des Plaisirs).

27. *Ant. Arnauld et Nicole.* La Logique, ou l'Art de penser — (troisième partie, chap. 19, n° 6).

28. *Leclerc.* Bibliothèque universelle et historique, juin 1691.

29. *La Chetardie*, sous le nom de Moncade, — *Rouen*, 1691. — Réflexion, 161 (*Coste*).

30. *Lafaille* (anonyme). Le portefeuille de M. L. D. F. *Carpentras.* Labarre, 1694, in-12.

31. *Ancillon.* Mélanges critiques de littérature. — Bâle, 1698 (tome II, art. 79).

32. *Dom Bonaventure d'Argonne* sous le nom de Vigneul Marville. Mélanges d'histoire et de littérature. *Rouen*, Maury, 1699, in-12 (tome I, page 133).

33. *La Bruyère.* Caractères, dixième édition. *Paris*, 1699 (page 31).

34. *Lamy.* Démonstration de la sainteté de la religion chrétienne.

35. *Artaud.* Préface des *pensées* de Montaigne. (Voir aux extr. des *Essais.*)

36. *Jacq. Bernard.* Nouvelles de la république des lettres. Avril, 1701.

37. Mémoires pour l'histoire des sciences et des beaux-arts. Mai et juin 1701.

38. *Sacy* (anonyme). Traité de l'amitié. *Paris*, Barbin, 1704 (page 149).

39. *Saint-Évremond.* Édit. d'*Amsterdam*, 1706, in-12. (Œuvres mêlées, tome III, page 58. Mélange curieux, tome I, page 173.)

40. *Menagiana.* Edit. de *Paris*, 1715 (tome III, page 102).

41. *Tessier.* Éloges des hommes illustres. *Leyde*, 1715, in-12. (Citations de de Thou, réflexions de l'auteur qui rapporte quelques jugements et critiques.)

42. *Bayle.* Dictionnaire. Edit. de 1720 (tome I, page 852, tome IV, pages 2986 et 3025). Il est assez remarquable que Bayle n'ait pas consacré d'article spécial à Montaigne. Pareille omission se rencontre dans les dictionnaires de Moreri, de Chaufepié et de Prosper Marchand.

43. *Segraisiana.* Edit. de *Paris*, 1721 (page 143).

44. *Huetiana.* Édit. de *Paris*, 1722 (art. 6, page 14).

45. *Nicéron.* Mémoires pour servir, etc., etc. (tome XVI).

46. *Beeverwyk.* Défense de la médecine contre les calomnies de Montaigne, dans l'ouvrage intitulé : *Éloge de la médecine et de la chirurgie. Paris*, Rebuffé, 1730, in-12 (de la page 30 à la page 121).

47. Catalogue manuscrit de la Bibliothèque du roi, rédigé vers le milieu du siècle dernier. On trouve à la suite de l'indication de diverses éditions des *Essais* une note ainsi conçue : Ouvrage suranné, estimé, goûté dans la monde, moins par ce qu'il a de bon que par ce qu'il a de mauvais.

48. *Mercure de France* 1733. Projet de traduction en français moderne des *Essais* de Montaigne (voyez au n° 63 des éditions des *Eassis*).

49. *Crousaz*. Histoire du pyrrhonisme ancien et moderne. *La Haye*, P. de Hondt, 1733, in-fol. (pages 134, 1516).

50. *Bouhier* (le président). La vie de Michel, seigneur de Montaigne (insérée d'abord dans l'édition des *Essais* de 1739, puis successivement dans le *Mercure de France*, octobre 1740; dans le supplément in-4°, publié la même année à Londres; dans les éloges de quelques auteurs français. *Dijon*, Marteret, 1742, in-8°, où elle est intitulée : Mémoires pour servir, etc.; dans l'édition des *Essais* de 1745, et dans les réimpressions suivantes faites d'après Coste).

51. *Scaligerana secunda*. Article Montaigne et article Goulart. (*Voyez* sur les Scaligerana prima et secunda une note curieuse dans le répertoire des bibliographies spéciales de Gabr. Peignot. *Paris*, Renouard, 1810, in-8.)

52. *Montesquieu*. Pensées (sur les modernes).

53. *Pesselier*. Préface de l'esprit de Montaigne et éloge historique de cet auteur. *Paris*, in-12. (Voir aux extraits des *Essais*.)

54. *Marmontel*. Ses œuvres. *Paris*, Verdière, 1825, in-8° (tome I, pages 45, 49, 150, 559; tome IV, pages 465, 479, 482).

55. *P. Coste*. Préface de l'édit. des *Essais* de 1724 et avis sur l'édition de 1739, reproduit avec quelques modications en 1745. (Ces deux pièces ont ensuite été insérées dans les éditions suivantes.)

56. *Voltaire*. Discours à l'Académie.—Lettres philosophiques (lettre XII), préface de l'Écossaise.—Dict. philos. art. Français.—Epître sur l'envie. — Lettre au comte de Tressan du 21 août 1746 (corr. gén., n° 874) Mélanges philosophiques.

57. *J.-J. Rousseau*. Il cite assez souvent Montaigne, plus fréquemment il s'empare de ses idées sans le nommer ; il le réfute au livre IV d'*Émile* et aux *Confessions*, partie deuxième, livre X.

58. *D. J. C. B.* (Dom. Jos. Cajot, bénédictin), les plagiats de J.-J. Rousseau sur l'éducation. *La Haye, Paris*, Durand, 1766, in-8° et in-12 (de la page 119 à 159).

59. *Tressan*. Voltaire, dans la lettre précitée au comte de Tressan, fait un grand éloge de l'auteur des *Essais*, et il dit à cette occasion : « Vous ne vous êtes pas assurément trompé sur Montaigne, je vous remercie bien, monsieur, d'avoir pris sa défense. ». . . . « Je conserverai chèrement l'exemplaire que vous m'avez fait l'honneur de m'envoyer, » et M. Biot dit dans son discours sur Montaigne que M. de Tressan a écrit une dissertation sur cet auteur ; cette pièce n'a probablement pas été imprimée, car on ne la trouve pas dans l'édition

des œuvres du comte de Tressan qu'a donnée M. Campenon. *Paris*, Neveu et André, 1822-23, 10 vol. in-8°.

60. *Saverien*. Histoire des philosophes modernes avec leurs portraits gravés dans le goût du crayon, d'après les dessins des plus grands peintres, par M. Saverien, publiée par François, graveur. *Paris*, Brunet, 1760, in-4°, 4 vol. (Aux moralistes.)

61. Bibliothèques françaises de *Lacroix du Maine* et de *du Verdier* par M. Rigoley de Juvigny; *Paris*, 1772, in-4°, 7 vol. (Dans ces deux ouvrages il faut chercher à Michel.)

62. *Dom de Vienne*. Dissertation sur la religion de Montaigne. *Bordeaux* et *Paris*, 1773, in-8°.—Eloge historique de Michel de Montaigne et dissertation sur sa religion; *Paris*, 1775, in-8°.—Histoire de la ville de Bordeaux; *Bordeaux*, 1771, in-4°, t. I.

63. *De Querlon*. Discours préliminaire du Journal du Voyage de Montaigne.

64. *Talbert*. Eloge de Michel Montaigne qui a remporté le prix d'éloquence à l'Académie de Bordeaux en 1774. (Il se trouve aux éditions des *Essais* de 1779, 1780, 1789.) Cet éloge est suivi de notes intéressantes.

65. *Deslandes*. Réflexions sur les grands hommes qui sont morts en plaisantant; *Amsterdam*, 1732, in-12. (Il cite Montaigne aux pages 3, 23, 118 et suivantes.) L'idée de cet ouvrage qui est d'une grande pauvreté d'exécution a certainement été fournie à l'auteur par cette phrase de Montaigne qu'il cite dans sa préface : *Si j'estois faiseur de livres je ferois un registre commenté des morts diverses. Qui aprendroit les hommes à mourir, leur apprendroit à vivre.* Le registre existait, mais non *commenté*, du vivant même de Montaigne, car Jean Tixier de Ravisi, plus connu sous le nom de *Ravisius Textor*, et qui était mort dès 1524, a donné dans son *Officina vel potius naturæ historia* une longue liste d'un grand nombre de noms d'hommes classés en trente-six chapitres dont chacun comprend une cause particulière de mort; ainsi : De iis qui podagra mortui; de iis qui aquis submersi interierunt; de iis qui in latrinis perierunt; de gaudio et risu mortuis; de iis qui in actu venereo mortui; de iis qui siti ac fame perierunt, etc. *voy.* à l'ouvrage cité, édition de *Bâle*, 1552, in-4, de la page 509 à 596. — Plusieurs autres ouvrages ont été composés dans le même sens. *Valère Maxime* a consacré le chap. XII du livre IX à quelques exemples de morts remarquables (de Mortibus non vulgaribus); on a publié à *Paris*, en 1772, chez *Moutard*, un ouvrage en 2 vol. in-12, intitulé : Derniers sentiments des plus illustres personnages condamnés à mort, lequel est attribué par M. Barbier aux abbés Sabatier et de Verteuil, et

que Sabatier, dans ses articles inédits, attribue à l'abbé *Préfort*. Il a paru en 1818, à Paris, chez A. Emery, un ouvrage in-8°, sans nom d'auteur, (*Léon Thiessé*) sous ce titre : Les derniers moments des plus grands hommes français condamnés à mort pour délits politiques. — Le professeur Desgenettes a fait paraître en 1833, un ouvrage intitulé : Etudes sur le genre de mort des hommes illustres de Plutarque et des empereurs romains. — On peut rapprocher les ouvrages suivants de ceux qui précèdent, car la mort est au nombre des *accidents* dont on y trouve le récit : ainsi *Boccace* a écrit un livre : De casibus virorum ac fœminarum illustrium, qui a été plusieurs fois traduit en français sous les titres de : la Ruyne des nobles hommes et femmes, *Lyon*, 1483; le livre des cas des nobles hommes et femmes malheureux, *Paris*, 1483; des Nobles malheureux, *Paris*, 1494; Traités des mésaventures des personnages signalés, *Paris*, 1578, etc. La liste commence à Adam et Eve et s'arrête à Jean de France. On attribue à *Georges Chatelain* l'ouvrage intitulé : le Temple Jehan Boccace de la Ruyne d'aulcuns nobles malheureux fait par *Georges* son imitateur, *Paris*, Galiot Dupré, 1517, in-fol., gothique; *voy.* l'extrait qu'en donne M. Buchon dans la notice qu'il a placée à la tête de son édition de Georges Chatelain du Panthéon Littéraire. — P. *Boitel de Gaubertin* est auteur d'un ouvrage qui a pour titre : Les Tragiques accidents des hommes illustres depuis le premier siècle jusqu'à présent, 1619 in-12; la liste commence par Abel et finit au chevalier de Guise ; etc.

66. *Ladvocat* (*J. B.*) Dictionnaire historique et bibliographique portatif (art. consacré à Montaigne).

67. *Chaudon* (*L. M.*) et *F. A. Delandine*. Nouveau dictionnaire historique (article Montaigne).

68. *Feller* (*F. X.*) Dictionnaire historique. L'article Montaigne n'est que la répétition de celui du dictionnaire de Chaudon auquel l'auteur a ajouté des réflexions passionnées et des interprétations défavorables; il est fort inexact en ce qui concerne les éditions.

69. Dictionnaire historique et bibliographique portatif, par L. G. P. *Paris, Hocquart*, 1815, in-8°, 4 vol., dont le dernier est composé des portraits; article purement historique sur Montaigne. (On lit à l'article *Peignot* de la Biographie des hommes vivants, que malgré les initiales placées au frontispice de cet ouvrage on a lieu de croire que M. L. Gabr. Peignot n'y a rédigé que la moitié de la lettre A.)

70. *Paulmy* (Mis de). Mélanges tirés d'une grande bibliothèque. Tom. XV, vol. P. de la collection. Tome 12 de la lecture des livres français, suite de la huitième partie. Article étendu consacré à Montaigne et terminé par une liste d'expressions usitées aujourd'hui et qu'on

doit à cet auteur, et une autre de celles qu'il a hasardées et qui n'ont pas fait fortune.

71. *Lacombe de Prezel* (anonyme). Dictionnaire de portraits historiques, anecdotes et traits remarquables des hommes illustres. *Paris, Lacombe,* 1768, in-8°. 3 vol. (article consacré à Montaigne, pag. 651-57 du tom. II).

72. *Sabatier de Castres.* Les trois siècles de notre littérature. Paris, Gueffier, 1772, in-8°, 3 vol. Article Montaigne d'après Ladvocat et Chaudon ; jugement porté d'après Feller.

73. *Bret.* Discours préliminaire des œuvres de Molière.

74. *Titon du Tillet.* Essai sur les honneurs et sur les monuments accordés aux illustres savants pendant la suite des siècles. *Paris.* 1784. in-12 (cité aux pages 366 et 444).

75. *De la Dixmerie.* Éloge analytique et historique de Michel Montaigne, suivi de notes, d'observations sur le caractère de son style et le génie de notre langue, et d'un dialogue entre Montaigne, Bayle et J.-J.-Rousseau. *Amsterdam* et *Paris*, 1781, in-8°.

76. *Ponce.* Les illustres Français, ou Tableaux historiques des grands hommes de la France. Paris, 1790-1816, in-fol. 56 planches d'après les dessins de Marillier, portrait encadré au milieu du tableau des principaux traits de leur vie, avec l'historique au bas de la même estampe.

77. *Diderot.* Article Pyrrhonisme de l'Encyclopédie (philosophie ancienne et moderne, 1793, tom. III, pag. 481).—Pensées philosophiques.

78. *La Harpe.* Cours de littérature, édition de Déterville, 1818, in-8°. (Introduction au discours sur l'état des lettres en Europe, etc., tom. V, p. 38. — Appendice, ou Nouveaux éclaircissements sur l'histoire ancienne, tom. III, pag. 398. 1re partie, liv. 3, chap. I, sur Plutarque, tom. IV, pag. 304.)

79. *Maréchal* (Sylv.). Dictionnaire des Athées. (Il a compris Montaigne au nombre des hommes qui figurent dans son ouvrage.)

80. *Moniteur.* Année 1800, n° 7 (7 vendémiaire an IX). Arrêté du préfet du département de la Gironde (*Thibaudeau*) qui décide la translation du corps de Montaigne, de l'église des ci-devant Feuillants à la salle des Monuments, et qui règle le cérémonial qui sera observé.

81. *Moniteur.* Année 1800, n° 9. A l'article des *Fêtes de l'anniversaire de la fondation de la république,* on trouve les détails de ce qui s'est passé lors de la translation annoncée ci-dessus.

82. *P. La Montagne.* Discours prononcé dans la cérémonie de la translation des cendres de Michel Montaigne, 1er vendémiaire an IX. *Bordeaux,* 1801, in-8°. (Le baron Pierre de La Montagne, membre de l'Académie des sciences et belles-lettres de Bordeaux, était alors professeur de belles-lettres à l'école centrale.)

83. *Bastide.* On a vu, à l'occasion de l'édition des *Essais* de 1822, que cet auteur s'était beaucoup occupé de Montaigne; on trouve dans les Mémoires de l'Académie de Berlin une faible partie de ses travaux philologiques sur les *Essais*. Quoiqu'on lise en tête d'un article : « Essai d'un Montaigne moderne, » il ne s'y trouve rien de sa traduction. Ses observations grammaticales et critiques sur Montaigne ou à son occasion sont insérées dans les volumes publiés à Berlin, in-4°, en 1799, 1800, 1801, qui renferment les travaux des années 1796, 1797, 1798, 1799, 1800. Bastide avait déjà entretenu la même Académie de son Montaigne moderne, dans son discours de réception, en 1792.

84. *Dessessarts* (N. L. M.). Les siècles littéraires de la France. *Paris*, 1801, in-8°, article consacré à Montaigne. Au sixième volume on trouve une addition au nom de Bernadau dans laquelle on annonce un ouvrage de cet auteur qui devait être mis incessamment sous presse sous le titre de : Panthéon d'Aquitaine, ou Hist. biographique des hommes illustres de l'ancienne Guienne, 2 vol. in-4°; j'ignore si cet ouvrage a paru.

85. *Naigeon.* Une note sur Montaigne à l'article Pyrrhonisme de Diderot, les deux avertissements de l'édition de 1802 et les notes de cette édition.

86. *Vernier.* Notices et observations pour préparer et faciliter la lecture des Essais de Montaigne. *Paris, Testu et Delaunay*, 1810, in-8°, 2 vol.

Je doute que cet ouvrage ait atteint le but que se proposait l'auteur, *d'apprendre à lire Montaigne*, j'applaudis à l'intention, mais je ne puis approuver l'exécution, malgré le jugement avantageux qu'ont porté sur cet ouvrage deux hommes qui font autorité, MM. Labouderie et Gence.

En effet, ce sont plus souvent des pensées à l'occasion de Montaigne, que les pensées de Montaigne, qu'on rencontre dans ces notices. L'auteur fait les citations de mémoire, et il en altère même les expressions; ainsi, il dit : «*pense creux*, pour *songe creux;* » il croit citer textuellement les Essais (p. 11. de l'introd.), et ce qu'il cite est de mademoiselle de Gournay. Les noms propres, les dates sont altérés; il dit : « Lejay, pour Jay, Baudin, pour Baudius; 1560 pour l'année de la mort de La Boëtie, au lieu de 1561; 1591 pour l'année où Montaigne visitait l'Italie, au lieu de 1581; il intitule la Servitude volontaire, qu'on a désignée aussi par le *Contr'un*, les *Quatre contr'un;* il dit que l'édition originale des Essais porte pour épigraphe : *Novit se ipsum*, ce qui n'est pas; il dit que l'édition de 1635 était la huitième, quand c'était au moins la vingt-cinquième, etc., etc.

Tel qu'il est, cet ouvrage peut être considéré comme un bon livre de morale, mais je doute fort qu'il puisse épargner aucune des difficultés qu'on rencontre en lisant les Essais pour les premières fois.

87. *Chénier* (M. J.). Tableau historique de la littérature française (Chap. II).

88. *Bernadau*. Lettre, en date du 14 juillet 1789, au Journal général de France, n° 136; 12 novembre 1789. — *Antiquités Bordelaises.* — *Bordeaux, Moreau,* 1797, in-8°. (Maison natale de Montaigne, p. 243. Manuscrit de Montaigne, p. 367. Mausolée de Montaigne, p. 362.)— Annales politiques, littéraires et statistiques de *Bordeaux*, divisées en cinq parties, formant ensemble un corps complet de recherches chronologiques, pour servir à l'histoire ancienne et moderne de cette ville, depuis sa fondation jusqu'en 1802.—*Bordeaux, Moreau,* 1803, in-4°. La préface mentionne que la cinquième partie renferme un Ana inédit de Montaigne, et fait connaître une particularité relative au cercueil du premier des philosophes français.

89. *Palissot*. Mémoires pour servir à l'histoire de notre littérature.— *Paris, Colas*, 1809, in-8° (art. Montaigne).

90. *Bourdic-Viot* (Marie-Henriette Payan de l'Etang de), connue d'abord sous le nom de marquise d'Antremont, puis de baronne de Bourdic; de l'Académie des Arc. , de celle de Nîmes, des musées de Bordeaux, etc. Eloge de Montaigne. — *Paris. Pougens*, an VIII, in-12.

91. *Lemercier* (Népomucène), succédant à Naigeon à l'Académie française. Discours de réception prononcé le 5 sept. 1810 (pages 14, 15).

92. *Villemain*. Eloge de Montaigne. Discours qui a remporté le prix d'éloquence, décerné par la classe de la langue et de la littérature françaises de l'Institut; *Paris, Firmin Didot,* 1812, in-4° et in-8°, 46 p. (Ce discours se trouve aussi dans l'édit. des Essais de Froment.)

93. *Jay*. Tableau littéraire de la France pendant le 18e siècle; *Paris*, 1810, in-8° (pages 8, 81, 83, 93).—Éloge de Montaigne. Discours qui a obtenu l'accessit, etc. ; *Paris, Delaunay,* 1812, in-8°, 98 p. (Dans les notes, M. Jay a inséré les avis donnés par Catherine de Médicis à Charles IX.) Ce discours fait partie (sans les notes) des éditions des Essais de Desoër.

94. *J. Droz*. Eloge de Montaigne. Paris, F. Didot, 1812. La classe de la langue et de la littérature françaises de l'Institut a décerné une médaille à l'auteur de ce discours; in-8°, 38 p.

Depuis cette époque, M. Droz a inséré cet éloge à la suite de l'Essai sur l'Art d'être heureux chaque fois qu'il a donné une nouvelle édition de cet ouvrage; il a ajouté deux notes nouvelles, l'une sur Raymon Sebond, l'autre sur l'édition donnée par Naigeon, et il a modifié les notes anciennes.

95. *Du Roure* (le marquis, anonyme). Éloge de Montaigne. Discours

qui a obtenu une mention honorable, etc. *Paris; Fain*, 1812, in-8°, 39 pages.

96. *J. Dutens.* Éloge de Montaigne. Discours qui a obtenu une mention honorable, etc.; *Paris, F. Didot et Favre*, 1818, in-8°, 76 pages.

97. *Biot* (de l'Institut, anonyme). Montaigne. Discours qui a obtenu une mention, etc.; *Paris, Michaud,* 1812, in-8o, 68 pages.

Ce discours me paraît être la pièce la plus remarquable qui ait été publiée sur Montaigne. Dominant son sujet, l'auteur apprécie avec une extrême indépendance et une grande supériorité de vues, l'époque où a vécu ce philosophe, ses qualités personnelles, et l'influence qu'ont exercée sur son caractère et sur sa philosophie les opinions et les mœurs de son temps; bien que dans cette dernière partie M. Biot se montre sévère, on peut dire en général que l'auteur des *Essais* n'a jamais été mieux jugé que dans ce travail.

98. *J. V. Leclerc.* Éloge de messire Michel, seigneur de Montaigne, etc.; *Paris, Auguste Delalain*, 1812, in-8°, 176 pages, dont 60 consacrées aux notes. Ce discours a reparu avec de légères modifications à la tête de l'édition des Essais que l'auteur a donnée chez *Lefèvre*, en 1826.

99. *Victorin Fabre.* Eloge de Michel de Montaigne; *Paris, Maradan,* 1812, in-8°; 83 pages.

100. *Vincens (Emile).* Eloge de Michel de Montaigne qui n'a pas concouru pour le prix de l'Institut; *Paris, Fantin,* 1812, in-8°; 112 pages.

101. *F. Guizot.* Annales de l'éducation. *Paris, Lenormant,* t. III. 1812, in-8° (p. 65, 129, 193, 257).

On trouve aux endroits indiqués un exposé des idées de Montaigne sur l'éducation, et une juste appréciation de leur valeur. L'auteur (M. Guizot) présente dans un résumé fort substantiel, la doctrine de Montaigne dans laquelle il trouve beaucoup à louer; on lira avec intérêt le jugement qu'il porte sur le génie et le caractère de ce philosophe.

102. *Mazure (F. A. J.).* Eloge de Montaigne; *Angers, Mame,* 1814, in-8°, 51 pages.

103. *François* (de Neufchâteau). Essai sur les meilleurs ouvrages écrits en prose dans la langue française. — Paris, 1816, in-8°; brochure sans frontispice. L'auteur indique les additions qui devraient être faites à une bonne édition des Essais; ce sont, suivant lui, les variantes des édit. de 1580 et 1588, un glossaire, un extrait du Voyage et un extrait de Raymon Sebond. On voit que ces améliorations se rencontrent dans les éditions qui ont paru depuis cette époque.

104 *M. Jouy.* Œuvres complètes. — *Jules Didot*, 1828, 27 vol. in-8° (tom. I, pag. 322, t. 4, p. 55. t. 8, p. 32, 33, tom. 26, pages 267 à 269).

105. *Eloi Johanneau.* Avertissement de l'édition de Lefèvre, 1818, et les notes de cette édition.

106. *Labouderie* (M. l'abbé, anonyme). Le Christianisme de Montaigne, ou Pensées de ce grand homme sur la religion; *Paris, Demonville,* 1819; in-8°.

107. *Amaury-Duval.* Préface de la Collection des Moralistes français (page 9). Vie de Montaigne et notice sur les principales éditions des Essais, à la tête de l'édition de Chasseriau; 1820.

108. *Gence (J. B. M.).* Article Montaigne, dans la Biographie universelle, tome XXIX, pages 426-41. 1821. L'auteur a fait tirer à part quelques exemplaires de cet article.

109. *Iconographie instructive.* Notice biographique entourant un portrait gravé; une feuille pour chaque article. Format grand in-8. Il y a un article consacré à Montaigne.

110. *Charles Nodier.* Questions de littérature légale, du plagiat, de la supposition d'auteurs, des supercheries qui ont rapport aux livres, deuxième édition; *Paris, Roret,* 1828, in-8°. L'auteur indique un certain nombre des emprunts qu'ont fait à Montaigne, et sans le nommer, Corneille, Voltaire, J.-B. Rousseau, Pascal (pages 7, 41 et suivantes; 159 et suivantes, 206 et suivantes). Mélanges tirés d'une petite bibliothèque. — Paris, 1829 (Discussion à l'occasion de l'édition des Essais attribuée aux Elzevirs; pages 6,-9).

111. *Laurentie.* Notice sur l'esprit de Montaigne, en tête de l'ouvrage qu'il a publié sous ce titre en 1829. (Voyez les Extr. des Essais.)

112. *De Peyronnet.* Notice sur Montaigne dans le Plutarque français; Paris, 1834, grand in-8° (datée du château de Ham, sept. 1834).

113. *Encyclopédie méthodique.* Histoire (tome III, 1788), art. *Montaigne* et Encyclopédiana.

114. *Landon.* Galerie historique des hommes les plus célèbres. *Paris,* 1806, in-12 (tome 8).

115. *Le comte de la Platrière,* Galerie universelle, etc. *Paris, Bailly,* 1787, in-4°. Art. Montaigne, de 68 p. avec portrait.

116. *Satgé Bordes.* Jugements sur les meilleurs écrivains anciens et modernes. *Paris,* 1812. In-12 (page 139).

117. J.^{f} *A. C. Buchon.* Notice sur *Montaigne,* en tête de l'édition des œuvres de cet auteur dans le *Panthéon littéraire.*

On trouve dans *la Gironde,* Revue de Bordeaux, février 1834, 9e livraison, un article intitulé *Installation de Michel Montaigne, maire de Bordeaux,* et l'éditeur fait précéder ce récit d'une note signée G. ainsi conçue: « Il y a quelques années que des maçons en travaillant à une
« maison autrefois habitée par Michel de Montaigne, au coin de l'im-
« passe des Minimettes, à Bordeaux, découvrirent sous une poutre un

« manuscrit renfermé dans une cassette de bois de cyprès. C'était
« vraisemblablement le journal inédit d'un ancien serviteur de l'auteur
« des Essais, lequel avait sans doute habité avec lui cette maison, dont
« la façade gothique a été détruite dernièrement, etc. » M. Aimé Martin,
à l'obligeance duquel je dois d'avoir eu connaissance de cette pièce, est
convaincu que c'est un pastiche, et je crois qu'il ne peut y avoir aucun
doute à cet égard. L'auteur a pris textuellement dans les Essais, les
discours et les réflexions qu'il prête à Montaigne dans le cours de
cette solennité, et cette circonstance seule suffirait pour démontrer la
supercherie.

Cette dernière pièce sert naturellement de transition pour mentionner, en terminant cette notice, quelques ouvrages dans lesquels les auteurs ont pris Montaigne pour leur interprète. Ainsi, dans un discours récemment couronné par l'Institut, *sur le courage civil,* on voit paraître Montaigne comme un des interlocuteurs.

La Dixmerie a fait suivre l'éloge qu'il a donné de Montaigne, d'un dialogue entre ce philosophe, Bayle et J.-J. Rousseau.

Il a paru, en 1823, *Paris, Delaunay*, in-8°, sans nom d'auteur, un volume intitulé *Montaigne aux Champs Élysées*, et qui se compose de huit dialogues en vers dans lesquels on le fait successivement converser avec Démocrite, Rabelais, etc.

Table alphabétique des auteurs mentionnés dans la notice qui précède.

	n°		n°
Ancillon	31.	Diderot	77.
Arnauld	27.	Dixmerie	75.
Artaud	35.	Droz	94.
Balzac	6.	Dutens	96.
Bastide	83.	Duval (Amaury)	107.
Baudius	9.	Duverdier	61.
Bayle	42.	Fabre (Victorin)	99.
Beeverwyk	46.	Feller	68.
Béranger	20.	François de Neufchâteau	103.
Bernadau	88.	Freher	23.
Bernard Jacques	36.	Gence	108.
Biot	97.	Gournay	5.
Bonaventure d'Argonne	32.	Guizot	101.
Bouhier	50.	Guy Patin	12.
Bourdic-Viot	90.	Huet	44.
Bret	73.	Jay	93.
Buchon	117.	Johanneau (Eloi)	105.
Cajot	58.	Jonathan de Saint-Sernin	10.
Chanet	13.	Jouy	104.
Chaudon	67.	Juste Lipse	4.
Chénier	87.	Labouderie	106.
Chetardie	29.	La Bruyère	33.
Colletet	11.	Lacombe	71.
Coste	55.	Lacroix du Maine	61.
Crousaz	49.	Ladvocat	66.
Daudiguier	17.	Lafaille	30.
Deslandes	65.	La Harpe	78.
Desmarets	8.	La Montagne	82.
Dessessarts	84.	Lamy	34.

Landon	n° 114.	De Querlon	n° 63.
Laurentie	111.	Roure (marquis du)	95.
Leclerc	28.	Rousseau (J. J.)	57.
Leclerc (Joseph Victor)	98.	Sabatier	72.
Lemercier (Népom.)	91.	Sacy	38.
Mallebranche	25.	Saverien	60.
Maréchal	79.	Saint-Evremond	29.
Marmontel	54.	Sainte Marthe (Scevole)	1.
Mazure	102.	Satgé Bordes	116.
Ménage	40.	Scaliger	51.
Montesquieu	52.	Segrais	43.
Naigeon	85.	Silhon	16.
Niceron	45.	Sorel	15.
Nicole	26.	Talbert	64.
Nodier	110.	Tessier	41.
Palissot	89.	Thibaudeau	80.
Pascal	24.	Thou (de)	2.
Pasquier	3.	Titon du Tillet	74.
Paulmy	70.	Tressan	59.
Peignot	69.	Vernier	86.
Pesselier	53.	Vienne (Dom de)	22.
Peyronnet	112.	Villemain	62.
Plassac Méré	7.	Villiers	19.
Platrière (comte de la)	115.	Vincens	100.
Ponce	76.	Voltaire	56.

PREMIER SUPPLÉMENT

A LA

NOTICE BIBLIOGRAPHIQUE

SUR

MONTAIGNE,

PAR M. J. F. PAYEN, D. M. P.

Les matériaux dont cette notice se compose, recueillis depuis longtemps, et, comme on dit, *à bâtons rompus*, ont été rassemblés et coordonnés à l'occasion de la publication des œuvres de Montaigne dans le *Panthéon Littéraire* (un volume grand in-8º à deux colonnes dont cette notice fait partie). L'auteur a profité de cette circonstance, et à l'aide d'un remaniement il a fait tirer un certain nombre d'exemplaires dans le format in-8º ordinaire à longues lignes, **dont il s'est *exclusivement réservé la distribution*** [1]. Ce tirage à part lui a permis de corriger quelques erreurs et de réparer plusieurs omissions, surtout dans le 6e paragraphe. Depuis cette époque des renseignements qu'il a reçus et de nouvelles recherches lui ont indiqué encore des lacunes qu'il s'empresse de combler en rédigeant ce supplément, et il espère que les lecteurs de cet opuscule lui feront connaître les *errata* et les *addenda* qu'ils pourraient y découvrir, afin de laisser le moins possible d'omissions ou d'inexactitudes dans un ouvrage dont le seul mérite, fort mince d'ailleurs, est d'être exact et complet.

(1) Je suis obligé d'insister sur cette déclaration et de rappeler la note placée en tête de la notice, par laquelle il est dit que ces exemplaires ne se vendent pas, parce que, dans le dernier numéro du *Bulletin du bibliophile* (2e série, juin 1857, nº 1565), cet ouvrage est annoncé de manière à laisser croire qu'il est dans le commerce. Je pense qu'il serait difficile qu'il s'en trouvât aujourd'hui plusieurs exemplaires en vente sur le très petit nombre de ceux que j'ai donnés, tous portant une suscription qui indique la personne à laquelle chacun d'eux a été offert.

§ Ier. ESSAIS.

1° Page 9, n° 8, l'édition de 1598 a 1166 pages et non pas 1164.

2° Pages 9 et 10, n°s 8 et 9.

Les éditions de 1598 et de 1600 sont une seule et même édition à de très légères différences près. Ainsi, à part le frontispice gravé, la table des chapitres, les préfaces de Montaigne et de Mlle de Gournay, et les trois derniers feuillets du texte, tout le reste est exactement du même tirage; mais aux exemplaires de 1598 les trois derniers feuillets sont plus mal composés que le reste du volume; la longueur des pages est plus grande pour le même nombre de lignes; il semble que pour cette date quelque circonstance aura interrompu l'impression régulière de cet ouvrage, et que le libraire, empressé de le livrer à la circulation, aura fait imprimer à la hâte, et vaille que vaille, les trois derniers feuillets qu'en 1600 il a fait réimprimer conformément à ceux qui les précèdent, et qu'alors il aura voulu que la date du frontispice distinguât ces exemplaires de ceux qui avaient été publiés en 1598.

La seule comparaison des trois derniers feuillets avec les autres suffit pour faire distinguer les exemplaires de 1598 de ceux de 1600. Voyez encore à l'article qui suit quelques renseignements à ce sujet.

3° Page 10, n° 10.

A l'époque de la publication de ma notice je n'avais pas encore rencontré l'édition de 1602; je crois aujourd'hui avoir vu cette édition. Du moins je dois à l'amitié de M. de C..... de posséder un exemplaire d'une édition qui, suivant toute apparence (car le titre manque), est celle-là; en effet, l'exemplaire en question est de l'Angelier, comme on le voit au privilége; il est différent de ceux de 1598, de 1600 et de 1604, qui avec 1602 sont les seules éditions in-8° données à ma connaissance par ce libraire; de plus il présente à la fin le sonnet d'Expilly, qui, d'après Coste, doit se trouver à l'édition de 1602. Cette édition est imprimée avec les mêmes caractères que celle de 1598 ou de 1600; elle est à peu près aussi belle qu'elle, elle la suit presque exactement à la page et à la ligne; elle a comme elle le privilége de 1594, comme elle a 1166 pages, et la seule différence qu'elle offre consiste dans l'addition du sonnet et d'une table des matières. Je dois pourtant faire connaître une objection qu'on pourrait m'adresser : L'édition de l'Angelier de 1604 porte un privilége daté d'avril 1602; comment se serait-il fait que l'édition de 1602 n'eût pas porté ce privilége et qu'elle parût avec celui de 1594? Cette édition aurait-elle été publiée dans les trois premiers mois de 1602 et avant l'obtention du deuxième privilége?

Quoi qu'il en soit, des quatre éditions in-8° données par l'Angelier en 1598, 1600, 1602 et 1604, la dernière se distingue aisément en ce que le format est moins grand et le caractère plus petit. Les trois autres, dont le caractère est le même, se reconnaissent facilement à la vue de l'extrait du privilége qui se trouve à la dernière page. Aux exemplaires de 1598 la dernière ligne est ainsi conçue : mil cinq cens quatre vingts et quatorze ; à ceux de 1600, ces mots sont précédés de : me jour d'octobre, et à 1602 la ligne commence par : d'octobre.

4° Page 13, n° 18, l'édition de 1616 qui est décrite sous ce n° est la même que l'une de celles de 1602 (*Leyde, Doreau,* n° 11). Le titre seul est changé.

5° Page 13, il existe une autre édition de 1616 *à Genève* (sans surcharge), *par Philippe Albert,* in-8°.

Bien qu'indiquée à la même date et par le même imprimeur, cette édition est sans le moindre doute différente de la première. Le titre imprimé ne porte pas les armes fleurdelysées et il présente le *vires* ; on trouve aux marges des sommaires et les noms des auteurs cités ; enfin elle n'a que 1130 pages.

6° Page 14, n° 21, des exemplaires de cette édition de *Rouen* sont indiqués chez *Robert Valentin,* dans la court (*sic*) du palais.

7° Page 20, n° 26, des exemplaires de cette édition de 1636 sont indiqués chez *Pierre Billaine,* rue Saint-Jacques, à la Bonne Foi, devant Saint-Yves. (Bibliothèque de M. de C....., à Compiègne.)

8° Page 21, n° 29, j'ai vu des exemplaires de cette édition de Blageart dont le titre était imprimé entièrement en noir.

9° Page 22, n° 31.

J'ai rencontré encore une autre édition in-8° sans titre, dont j'ignore la date, et qui me paraît différente de celles que j'ai décrites sous les n°s 11,-12,-15,-16,-18,-20,-21,-22,-24,-26,-28,-29,-30 et 31, et qui l'est au moins certainement de celles de 1609,-16,-19,-27,-36,-49, avec lesquelles je l'ai collationnée. Ce qui la distingue principalement c'est que dans tout le cours de l'ouvrage elle offre de nombreux alinéas, comparativement aux éditions citées qui en offrent à peine quelques-uns, que le titre courant est presque partout en italique, qu'enfin il y a aux pages 275 et 278 un trait entre le chapitre qui finit et celui qui commence.

Je crois donc cette édition différente de celles que j'ai mentionnées. Elle a 1130 pages.

10° Page 22, ligne 37, au lieu de 1646, lisez 1649.

11° Page 46, fin du n° 63.

La Boëtie n'a pas plus échappé que Montaigne à la manie des moderniseurs, car le *Traité de la servitude volontaire* a été en 1790 réimprimé en partie, traduit en français moderne, dans l'*Ami de la révolution ou Philippiques* (supplément à la huitième), sous le titre de : *Discours sur la servitude et la liberté,* extrait d'Etienne de la Boëtie.

Voyez à la page 138 du journal cité, qui, d'après M. Deschiens (*Bibliographie des journaux*, page 90), a commencé en 1790 et fini le 5 août 1791, et se compose de 57 numéros.

§ IV. PORTRAITS.

12° Page 59, n° 49, au lieu de : D'après celui du Musée des monuments français, lisez : Tiré des archives du royaume.

Ce portrait est aujourd'hui dans les galeries historiques de Versailles; il est le seul de ce philosophe que j'y aie rencontré.

Les galeries de sculpture possèdent deux bustes de Montaigne, dont l'un est celui d'après lequel on a donné le médaillon de l'édition de 1802.

J'aurais pu mentionner pour compléter ce paragraphe la statuette de Montaigne en pied, composée par M. Pigalle, et la médaille signée E. Gatteaux, qui a paru en 1817 dans la *Galerie métallique des grands hommes français*.

§ VI. JUGEMENTS.

13° Page 63, n° 55, c'est par oubli qu'en indiquant Coste je n'ai pas rappelé les notes qu'il a ajoutées aux éditions qu'il a données, lesquelles ont été en partie reproduites dans la plupart des éditions modernes. (Voyez à la fin du n° 39, page 31.)

14° Page 68, n° 87, ajoutez : et Discours sur les progrès des connaissances en Europe, etc., prononcé à la distribution des prix des Écoles centrales (1801).

15° Page 68, après le n° 89, ajoutez : *J. J. Leuliette*, Tableau de la Littérature en Europe, depuis le XVI° siècle, jusqu'à la fin du XVIII°. *Paris, L. Colin,* 1809, in-8° (pages 94 à 96).

16° Page 69, n° 103, ajoutez : Cet essai a été inséré dans la belle édition des *Provinciales* de Pascal. *Paris, Didot l'aîné,* 1816, in-8°, 2 vol.

17° Page 70, après le n° 117, ajoutez : Tissot, Leçons et Modèles de littérature française, *Paris,* 1836, grand in-8°. (Article consacré à Montaigne et à La Boëtie, extraits des Essais et Observations.)

18° Page 71, de Manne (Nouveau recueil d'ouvrages anonymes et pseudonymes, *Paris,* 1834, n° 1201) attribue le Montaigne aux Champs-Elysées au Baron de Ballainvilliers, ancien intendant du Languedoc.

19° Page 71, à la fin, ajoutez : Il a été donné au Théâtre-Français, dans le cours de la première révolution, une comédie ayant pour titre *Montaigne,* et dont ce philosophe était le héros ou si l'on veut la victime, car la pièce tomba à la première représentation.

L'auteur était M. J. H. Guy, qui a donné au théâtre plusieurs ouvrages, entre autres *Anacréon chez Polycrate*, *Natalie,* la *Rosière espagnole,* etc.

Paris, le 5 septembre 1837.

DEUXIÈME SUPPLÉMENT

A LA

NOTICE BIBLIOGRAPHIQUE

SUR

MONTAIGNE

PAR LE Dr J.-F. PAYEN.

LETTRE A M. TECHENER.

Note sur l'édition in-folio des Essais de Montaigne, *publiée en 1595. Paris, L'Angelier.*

    La belle édition des *Essais* donnée en 1595 par Marie de Gournay présente une particularité qui n'est pas connue et qui mérite de l'être ; pour être complète, elle doit posséder un CARTON, et cette condition est assez rare pour que, depuis cinq ans que je la connois, je ne l'aie rencontrée que sur deux exemplaires, celui de M. de Clinchamp et le mien.

    L'édition de 1595 a été donnée sur un exemplaire in-4 de 1588, portant de la main de Montaigne des additions équivalentes à la moitié du texte imprimé, soit un tiers des *Essais*. Ces notes étoient inscrites sur les marges, sur les interlignes, partout où il y avoit des blancs, et quand la place manquoit, Montaigne écrivoit sur un fragment libre de papier. Parfois une croix formoit réclame ; on en voit une, entre autres, sur l'exemplaire de Bordeaux à la fin du chap. XXII du livre Ier ; là où Montaigne fait un si grand éloge de sa fille d'Alliance, et ce fragment qu'on ne retrouve plus, Marie de Gournay confesse (préface de 1635) l'avoir abrégé, probablement parce qu'elle trouvoit l'addition trop louangeuse pour elle.

L'édition s'écouloit, lorsque (antérieurement à 1598) Marie de Gournay retrouva un de ces fichets annotés se rapportant à la page 63. Dans sa scrupuleuse exactitude, elle ne put se décider à attendre une prochaine édition, et elle résolut de réintégrer dans celle qui se débitoit le passage qui en faisoit partie. Il s'agissoit d'intercaler à la fin du chapitre XXII du livre I*er* vingt-deux lignes; le blanc de deux citations latines, celui de quelques centimètres, qui termine la page 64 et le chapitre, n'y suffisoient pas, on dut, en outre, augmenter d'un centimètre la justification et ajouter à ces deux pages deux lignes de plus qu'aux autres.

Par une circonstance que je n'explique pas, en réimprimant les pages 63 et 64, on réimprima le feuillet qui porte les pages 69-70, et cependant la collation la plus minutieuse m'y a fait découvrir cette seule différence que la quatrième ligne de la page 70 de l'état primitif commence par : *Que vne* et qu'à la réimpression on lit *qu'vne*.

A quelque rapprochement de l'émission de cette édition qu'ait eu lieu cette impression complémentaire, il faut admettre qu'un grand nombre d'exemplaires étoit déjà écoulé; car sur plus de vingt-cinq que j'ai examinés, je n'ai rencontré le carton que sur deux seulement, et l'un de ceux-là est actuellement en vente.

Je dois noter ici une particularité : cette édition a été partagée entre deux libraires, Abel L'Angelier et Michel Sonnius, la moitié supérieure du frontispice est la même pour les deux, mais chacun a ajouté sa marque et son nom. Il en est de même pour l'Errata, conforme pour la rédaction, mais différent pour la composition. La part de Sonnius a dû être moins large que celle de L'Angelier, car les exemplaires au nom du premier se rencontrent bien plus rarement (tout au plus une fois sur quatre). Eh bien! les deux exemplaires avec carton que je connois sont au nom de L'Angelier; il sera intéressant de vérifier s'il s'en trouve au nom de Sonnius.

De tout ceci il résulte que l'état complet est incontestablement le carton; dans toutes les éditions suivantes, le passage est maintenu sans observation; il en résulte encore cette conclusion qu'un véritable exemplaire *Princeps* devroit posséder les deux frontispices, les deux feuillets d'errata des deux libraires, les feuillets primitifs et les feuillets réimprimés.

La page 63, dans les deux états, porte aux premières lignes une citation latine (*Adeo nihil motum*, etc.), et au bas de la page précédente on lit : *et nous advient ce que Thucydides dit des guerres de son tems;* par une bizarrerie que je n'explique pas, ces deux passages sont supprimés aux éditions de 1598, 1600, 1602 et 1604.

Remarquons, en le regrettant, que cette édition ne donne pas la préface de Montaigne (C'est icy un liure de bonne foy) ni les sonnets de La Boëtie, et peut-être est-il permis de s'étonner que cette belle édition, la meilleure entre les bonnes, ne se trouve pas, *au moins à ma connoissance*, à la Bibliothèque impériale, ni à celle de Sainte-Geneviève, ni à quelques autres.

Je ne fais que remplir un strict devoir en reconnoissant que c'est à M. Potier que je suis redevable d'avoir constaté la particularité que je fais connoître. Ce libraire scrupuleux, au moment de livrer au relieur un exemplaire de 1595, avoit remarqué deux pages qui, typographiquement, présentoient de notables différences avec les autres, il soupçonna d'abord la substitution d'un feuillet pris dans une autre édition in-folio, et ce fut l'examen qu'il me pria de faire de son exemplaire qui me fit réconnoître l'existence du carton.

M. Potier, appréciant l'intérêt que ces deux feuillets présentoient pour moi, consentit avec une obligeance parfaite, et, je dois le dire, avec un désintéressement complet, à les échanger contre les feuillets correspondants de l'un de mes exemplaires ; je suis heureux de trouver l'occasion de l'en remercier.

Pour compléter cette note et consoler les possesseurs de l'ÉTAT PRIMITIF, et il en est que j'honore et que j'aime infiniment, je transcris ici les vingt-deux lignes qui ont donné naissance à la lacune.

Après ces mots : « l'autre est en bien plus rude party, » page 63, ajoutez : « Car qui se mesle de choisir et de changer,
« vsurpe l'authorité de iuger : et se doit faire fort, de voir la
« faute de ce qu'il chasse, et le bien de ce qu'il introduit. Cette
« si vulgaire consideration m'a fermy en mon siege : et tenu
« ma ieunesse mesme, plus temeraire, en bride : de ne charger
« mes espaules d'vn si lourd faix, que de me rendre respon-

« dant d'vne science de telle importance. Et oser en cette cy,
« ce qu'en sain iugement ie ne pourroy oser en la plus facile
« de celles ausquelles on m'auoit instruit, et ausquelles la
« temerité de iuger est de nul preiudice. Me semblant tres-
« inique de vouloir sousmettre les constitutions et obseruances
« publiques et immobiles à l'instabilité d'vne priuée fantasie
« (la raison priuée n'a qu'vne iurisdiction priuée), et entrepren-
« dre sur les loix diuines ce que nulle police ne supporteroit
« aux ciuiles. Ausquelles, encore que l'humaine raison aye
« beaucoup plus de commerce, si sont elles souuerainement
« iuges de leurs iuges : et l'extrême suffisance, sert à expliquer
« et estendre l'vsage, qui en est receu, non a le destourner et
« innouer. Si quelques fois la prouidence diuine a passé par
« dessus les reigles, ausquelles elle nous a necessairement as-
« treints, ce n'est pas pour nous en dispenser. Ce sont coups
« de sa main diuine, qu'il nous faut, non pas imiter, mais ad-
« mirer ; et exemples extraordinaires, marques d'vn expres et
« particulier adueu : du genre des miracles, qu'elle nous of-
« fre, pour tesmoignage de sa toute-puissance, au dessus de
« noz ordres et de noz forces : qu'il est folie et impiété d'essayer
« à representer, et que nous ne deuons pas suiure, mais
« contempler auec estonnement. Actes de son personnage, non
« pas du nostre, Cotta proteste bien opportunement : *Quum*
« *de religione agitur, T. Coruncanium, P. Scipionem,*
« *P. Scæuolam, Pontifices maximos, non Zenonem, aut*
« *Cleantem aut Chrysippum sequor.* »

Puis le texte primitif reprend « Dieu le sache, en nostre
« présente querelle, etc. »

D^r. J.-F. PAYEN.

Avril 1860.

P. S. A l'édition des Essais de 1598, la *préface* de Montaigne est accompagnée de note de Marie de Gournay : « *Cette préface corrigée de la derniere main de l'au-*
« *ayant esté esgarée en la premiere impression depuis sa mort* (par conséquent l'im-
« pression de 1595), *a naguere esté retrouvée.* » En effet le plus grand nombre des exemplaires de 1595 ne donne pas la préface de Montaigne. Cependant, à quelques-uns on
trouve la préface de 1580 (sauf deux variantes insignifiantes). Je connais cinq exemplaires dans cette condition, qui est probablement du fait d'un des imprimeurs : car tous
sont au nom de L'Angelier. — Encore un état particulier dont il faut tenir compte !

Paris. — Imprimerie de Ch. Lahure et Cie, rue de Fleurus, 9.

www.ingramcontent.com/pod-product-compliance
Lightning Source LLC
LaVergne TN
LVHW050617090426
835512LV00008B/1536